BIRACI YAWANAWÁ

Organização da coleção Tembetá
Kaká Werá, Idjahure Kadiwel e Sergio Cohn

Projeto gráfico e foto
Sergio Cohn

ISBN 9786586962307

Azougue Press
Coordenação geral Sergio Cohn
Brasil | CNPJ 12.272.339/0001-26
Portugal | NF 515805394
USA | E. Id. 803650511
Coordenação editorial Sergio Cohn | Darien Lamen
Chile | Tucán Ediciones RUT 77.369.106-1
Coordenação editorial Sergio Cohn | Cristián Jiménez Plaza

Azougue Press: mais que uma editora, uma ponte entre culturas

A coleção Tembetá traz a trajetória de pensadores indígenas no Brasil que têm contribuído para a cultura, a educação, os direitos humanos e a ecologia nos últimos quarenta anos. São personalidades que têm dedicado suas vidas a causas que vão além das suas respectivas culturas e que têm sensibilizado a sociedade humana como um todo.

A palavra tembetá é de origem tupy. Trata-se de um adorno usado no lábio inferior no rito de passagem que indica maturidade e capacidade de pensar e falar pelo seu povo. Por isso foi escolhido como símbolo desta coleção. Quando observamos a história oficial do Brasil até o início da década de 1990, praticamente toda a literatura e os documentos sobre os povos originários foi produzida pelos ditos "conquistadores" e seus descendentes. Foram raríssimas as vezes em que os próprios nativos falaram representando suas raízes, valores e visão de mundo.

A ideia central do projeto é dar voz narrativa àqueles que trazem a marca da ancestralidade em sua jornada de vida neste país. Para isso, cada edição reunirá intervenções escritas e orais (entrevistas, palestras e depoimentos) de grandes pensadores e pensadoras indígenas surgidos no Brasil desde a década de 1970.

A trajetória dos líderes, pensadores, ativistas e artistas escolhidos para compor a coleção serão disponibilizadas com o intuito de promover reconhecimento, reflexões, inspirações, e sobretudo apontar as contribuições de culturas milenares do Brasil representadas por alguns de seus expoentes.

É preciso dizer que hoje no Brasil são cerca de 380 povos chamados indígenas, cujas origens remontam de 5 mil a 12 mil anos. Quase um milhão de remanescentes, dos quais algo em torno de 450 mil pessoas habitam as florestas e os demais habitam centros urbanos em praticamente todos os estados brasileiros. Além disso, pesquisas da UFMG (Universidade Federal de Minas Gerais) de 2005 na área da genética apontam que 63% do povo brasileiro considerado "branco" tem origem tupy. Ou seja, no país temos presentes raízes de culturas ancestrais nas mais diversas matizes de mestiçagem e ao mesmo tempo não damos voz histórica aos remanescentes destas origens. Isso causa uma sensação de negação de um si mesmo coletivo que reflete também na negação dos direitos humanos das gerações atuais que insistem em viver de acordo com seus valores e visões de mundo. Talvez o Brasil seja o único país do mundo que considera "estrangeiro" o nativo, e nativo o estrangeiro.

O desconhecimento das "vozes ancestrais" é oportunizado negativamente por uma parcela da sociedade com o preenchimento de um imaginário de destituição de dignidade dos descendentes das culturas milenares desta nação plural e diversa hoje chamada Brasil. Constantemente exploradores de minérios, senhores dos agrotóxicos (envenenadores da terra), cultivadores de experiências transgênicas, desmatadores da vida, difundem uma ideia pejorativa, folclórica e negligente de toda uma riqueza imaterial presente no modo de ser e de pensar destes inúmeros povos. Por isso esta coleção é mais de que uma publicação de uma série de livros. É dar voz a um Brasil que também somos.

Kaká Werá, organizador da coleção

ENTRE-VISÕES

SOBRE-VISÕES

COSMO-VISÕES

Daiara Tukano

APRESENTAÇÃO

Meu primeiro encontro com Nixiwaka foi em 1983, em São Paulo. Na época ele tinha dezoito anos e eu oito meses de idade. Não posso dizer que me lembre desse encontro. Era um tempo em que muitas lideranças se encontravam na cidade para pensar juntos os caminhos dos direitos dos povos indígenas. Para Bira, essa foi a primeira viagem a uma cidade com as dimensões de São Paulo. Nos anos seguintes, conheceu outros lugares no mundo e muitos povos, levando para si os aprendizados que o reconduziram de volta à floresta para dedicar sua vida à espiritualidade de seu povo.

O povo Yawanawá, do tronco linguístico Pano, ocupa as cabeceiras do Rio Gregório, afluente do Rio Juruá, município de Tarauacá, no estado do Acre – Amazônia Ocidental. A população hoje é de aproximadamente mil pessoas, morando em sete aldeias. Muito numerosos no passado, muitos foram dizimados pelos impactos trazidos pela colonização, chegando a ter 283 pessoas. Os primeiros contatos dos Yawanawá com os não-indígenas foram com os seringalistas, por volta do início do século XX, quando estes vieram explorar a borracha na Amazônia.

Durante um longo período, mais de três décadas, os Yawanawá foram forçados a conviver com todo tipo de abuso dos seringalistas e mais tarde dos missionários da Missão Novas Tribos do Brasil, os quais tinham o propósito de "evangelizar" os indígenas. Pelos patrões seringalistas, foram escravizados, tendo que realizar todo tipo de serviço que o sistema seringalista exigia. Pelos missionários, foram submetidos à pratica da religião cristã que considerava as práticas espirituais do povo manifestações do diabo.

Nixiwaka é história viva, liderança nata, educado para servir o seu povo com a consciência de que nós indígenas somos protagonistas de nossa própria história. Biraci fez de sua experiência cidadã e seu aprendizado espiritual as principais ferramentas para nutrir a dignidade, liberdade e autonomia do povo Yawanawá, fortalecendo a identidade e a cultura das novas gerações.

Como representante da União das Nações Indígenas (UNI), Biraci teve a oportunidade de conhecer outros povos indígenas do mundo, participando de momentos importantes da formação de movimentos indígenas nacionais e da articulação internacional para o reconhecimento dos direitos indígenas. Foi fundador da UNI-Acre, instituição indígena que permanece até hoje, e um dos articuladores da Aliança dos Povos da Floresta, junto a Chico Mendes.

Sua militância política em defesa dos que habitam o coração da Amazônia se desdobrou em seu retorno à espiritualidade, da UNI ao uni, medicina sagrada do povo Yawanawá, tornando-se uma das lideranças espirituais de sua região, capaz de incentivar o fortalecimento cultural e espiritual de muitos povos.

Em 1984, conquistaram a demarcação da Terra Indígena. No início da década de 1990, retiraram os missionários e deram início à revitalização de sua cultura e de sua língua, guardada na memória dos mais velhos. Outra conquista importante foi o direito à educação escolar diferenciada, com formação também diferenciada de professores Yawanawá. Essa conquista incentivou a revitalizar os conhecimentos tradicionais e manter viva a memória ancestral do povo Yawanawá.

Os Pajés ou líderes espirituais também se empenharam na missão de ensinar aos jovens da aldeia a educação tradicional Yawanawá: Biraci foi o primeiro de sua geração a pedir a orientação espiritual dos anciões Yawarani, Tatá e Tuikuru, pajés que abriram portas para reavivar a filosofia e visão de mundo originária perseguida até então pelos missionários.

As cerimônias tradicionais de uni – hoje mais conhecido como ayahuasca – foram demonizadas pelas religiões cristãs desde os primeiros contatos. Na bacia amazônica somos mais de duzentos povos entre Brasil, Colômbia, Equador, Peru e Venezuela, especialmente dos troncos linguísticos Pano, Tukano e Aruak, que temos essa planta como medicina de origem. O povo Tukano é um desses povos, e é através de nossa espiritualidade que tecemos laços antigos de amizade e aliança política e espiritual.

Com o tempo a sociedade não indígena acabou tendo acesso às medicinas indígenas: hoje o Brasil conta com religiões brasileiras ayahuasqueiras como o Santo Daime, Barquinha, União do Vegetal e grupos neoxamânicos que levaram essa medicina para o mundo. Biraci foi um dos primeiros a enxergar nestes grupos a oportunidade de tecer novas alianças para fortalecer o protagonismo cultural de seu povo e de outros povos no estado do Acre.

Em sua filosofia, a espiritualidade é mais ampla que as religiões, a espiritualidade é capaz de romper as barreiras de gênero, raça, e ideologias tornando-se espaço privilegiado para aliar povos em sua conexão com o mundo e a natureza. Através desta visão o povo Yawanawá foi um dos primeiros a transformar visões tradicionais de gênero, abrindo espaço para a entrada das mulheres na espiritualidade.

As mulheres protagonizam um momento importante do florescimento cultural de seu povo ao abraçar a espiritualidade e assumir aprendizados que antes não lhes eram tradicionalmente permitidos. No entanto, com o apoio dos pajés anciões, hoje se somam à liderança espiritual de seu povo, fortalecendo a todos com seus cantos, cores e através de sua sabedoria própria. Hoje todas as crianças yawanawá, meninos e meninas, estão no centro da roda, cantando e dançando.

Biraci idealizou o primeiro festival indígena no estado do Acre, abrindo seu terreiro para receber outros povos e visitantes do mundo para celebrar a cultura de seu povo. Hoje o festival Yawanawá é um momento de reencontro dessa grande família, em que homens e mulheres de todas as idades se reúnem para celebrar sua cultura, seus cantos e brincadeiras tradicionais.

O povo Yawanawá faz do fortalecimento espiritual o alicerce para o fortalecimento político, cultural e educacional de seu povo, compartilhando sua cultura e tecendo parcerias com aqueles que valorizam a sabedoria da floresta.

Nixiwaka, Biraci Brasil Yawanawá tece em vida um patrimônio inquestionável para seu povo e para as futuras gerações de muitos outros povos. Atualmente como grande patriarca, ensina seus muitos filhos e filhas dentro de sua tradição, educando para a cultura de paz e aliança com outros povos, para o fortalecimento de todos. Orienta uma geração conectada com sua origem, consciente de sua história, de seu protagonismo e atenta aos movimentos do mundo, incentiva jovens indígenas a se equipar das habilidades e ferramentas para nos fortalecer na contemporaneidade sem esquecer nossa identidade.

A fidelidade é um dos traços mais caraterísticos de Nixiwaka, que constrói uma família espiritual, considera Ailton Krenak e Álvaro Tukano como companheiros de vida e irmãos de espírito. Assim eu particularmente o considero igualmente como pai, mestre, professor, amigo e conselheiro para todos os momentos.

Reencontrei Nixiwaka já adulta, com as bençãos de meu pai fui ao seu encontro em sua Aldeia Sagrada, para pedir benção e orientação sobre como poderia me dedicar a servir e seguir os caminhos de meu povo. Suas palavras ecoam: "Este caminho não é simples, é preciso direcionar a mente, disciplinar o corpo e abrir o coração, assim nada é impossível".

Brasília, fevereiro de 2019.

ENTRE-VISÕES

ENTREVISTA COM BIRACI YAWANAWÁ 

Entrevista por Idjahure Kadiwel e Sergio Cohn,
abril de 2018

Biraci, para começar a entrevista, você pode falar um pouco sobre a sua infância?

Eu me chamo Nixiwaka, nome dado pelos meus pais. Fui batizado pelos padres como Biraci Brasil. Eu sou do povo Yawanawá, lá do alto do rio Gregório, no Acre, no município de Tarauacá. Nós viemos do tronco linguístico Pano... Chama Nawavakehu. É um tronco linguístico muito grande que existe naquelas fronteiras do Acre, entre Brasil e Bolívia. São mais de oitenta nações indígenas Pano que pertencem a esse tronco linguístico. Muito conhecidos do outro lado da fronteira. São Shipibos, Conibos, Kaxinawá...

Eu venho de uma família muito importante. Meu avô foi o homem que fez o contato pela primeira vez na nossa história. Fez o contato com o homem branco, com os seringalistas. Isso foi quando ele era muito jovem... Meu avô era uma criança na verdade. Contam nossas histórias que meu avô tinha mais ou menos doze anos de idade quando fez o contato. Na verdade os adultos viram os brancos e não tiveram coragem de enfrentar e mandaram duas crianças lá. E dessas duas crianças, uma delas era meu avô. Meu avô foi tipo como boi de piranha: "Se morrer ou matarem as duas crianças, nós fugimos". Mas meu avô foi muito bem recebido pelos brancos.

E nós temos uma coisa de justiça. Depois de duas idas que meu avô fez à sede dos brancos, que chamavam "seringal dos patrões", e quando ele ganhou e voltou com alguns presentes, como facão e rifle, os nossos velhos da aldeia falaram para ele: "Você é o novo chefe". Ele tinha doze anos e foi consagrado o novo líder, porque era o homem que fazia contato com o branco, que entendia a linguagem do branco. Meu avô não falava uma palavrinha, não entendia nada! Mas, em compensação, como mandaram ele fazer o contato e não aconteceu nada com ele, então passaram o bastão. Os pais dele cuidaram dele já sendo esse líder.

Eu venho dessa família. Então meu avô casou com a minha avó. Meu avô casou com doze mulheres! Mas a família que expandiu, que deu continuidade, que deu a sucessão dessa questão hereditária de liderança foi a da minha avó materna. A minha avó era uma índia de outro povo, Katukina.

Nesse casamento, meu avô teve vários filhos, e uma delas foi minha mãe. Geralmente todos os líderes do nosso povo foram homens e primogênitos. Nunca foi mulher, e sempre foi primogênito. Mas a minha mãe foi uma pessoa muito querida do meu avô. De trinta e poucos filhos que meu avô tinha, a minha mãe é como se fosse a predileta. Uma pessoa muito carinhosa, que foi convidada para fazer parte do governo dele, para poder ajudar ele, mesmo sendo mulher. Isso é falado até pelos seus próprios irmãos. Mesmo sendo mulher, a minha mãe como que orientava os irmãos mais velhos. E minha mãe tinha o sonho de ter um filho homem. Ela teve três homens antes de mim, mas esses três irmãos morreram. Um com seis anos, outro com três e outro recém-nascido. E antes de mim teve mais duas mulheres, que hoje estão ainda vivas, que são minhas duas irmãs mais velhas.

E meu avô falou pra minha mãe: "Filha, você não vai criar nenhum filho homem. É uma questão espiritual". Meu avô foi considerado como um homem completo da nossa civilização. Um grande caçador, um grande curador, um trabalhador, um conhecedor de plantas... Tudo o que você pode imaginar que um homem indígena da floresta pode conhecer. São poucos os homens que foram considerados completos como ele. E então meu avô falou que minha mãe não poderia criar nenhum filho homem. Se um dia ela tivesse um filho homem, ela tinha que dar para alguém criar. Então, quando eu saí do ventre da minha mãe, eu fui doado. Ela falou "pega para vocês". E deu para a mãe dela e para o pai dela, que foi meu avô. Então fui criado pelo meu avô. Nunca vi minha mãe. Desde que eu nasci fui criado pelos meus avós. É uma das coisas que eu tenho um respeito muito grande, e por isso a minha dedicação, a minha entrega, por essa honra de eu ser um dos netos, quem sabe até dos últimos netos, que foi criado por esse homem.

Quando eu tinha uns três anos a minha mãe foi embora, fez a passagem. Nunca vi ela, não a conheci. Quando eu tinha nove, o meu avô se foi. Passei a morar só com minha avó. Meu pai biológico foi construir outra família, não morei com ele. Quando eu já tinha quinze anos, já adolescente, minha avó me chamou e falou "agora você vai morar com seu pai. Você já escapou da morte. Já cresceu." Fui morar com meu pai, mas quando eu tinha dezesseis anos meu pai também fez a passagem dele. Então fiquei triste, parecia que onde eu ia, acontecia alguma coisa estranha! Então pedi à minha avó para que me emancipasse. "Deixa eu seguir meu caminho, já está na hora". Meus tios me queriam muito, porque eu vim dessa história toda da família, de ter sido criado pelo meu avô. Meu tio queria me casar. Meu cunhado, minhas irmãs, todos falaram "não saia de casa". Mas eu já estava decidido. Eu pensei muito.

Naquele tempo a gente vivia ainda sob o domínio dos patrões seringalistas, trabalhava como semiescravos, extraindo o látex, borracha para os seringalistas. Eu fui inserido nesse processo de seringueiro também. E também já tinham os protestantes, os missionários lá na aldeia. A gente vivia uma vida miserável e eu falei: "Olha, se é para viver aqui desse jeito, viver em qualquer outro lugar dá no mesmo". E falei com meu tio que eu queria estudar. Eu queria sair fora da aldeia, ir para algum lugar diferente. Eu queria conhecer...

Nós temos uma história. O Trovão era um jovem que só vivia chorando quando era criança e jogaram na água corrente. Ele foi descendo até onde a água se encontra com o céu, e daí ele subiu, foi até o céu e virou o trovão. Olhei o rio que passa em nossa aldeia e falei, "essa água corre e vai chegar em algum lugar. Eu quero ir pra lá. Eu quero conhecer". E daí meu tio planejou para nós irmos, eu e um filho dele, para a capital do Acre, Rio Branco, para estudar. Eu tinha 17 anos e a gente ia para lá. Chegando em Rio Branco eu praticamente fui criado já na dominação evangélica, dos protestantes, e me dediquei a uma igreja.

Mas eu comecei a ver outras coisas que eles não falavam para nós. O nosso direito ao território. O direito à nossa terra, direito à educação, que a própria Lei nº 6001/73 (Estatuto do Índio) protegia. A terra e o uso exclusivo que tem do nosso território. Proteção da língua, da cultura, da espiritualidade. E vi que eles massacravam psicologicamente o povo Yawanawá, a nossa família. Eu fiquei muito revoltado com isso. Eu comecei a tentar entender o que era isso. Então, um ano depois eu ingressei no movimento indígena. Eu me lembro como se fosse hoje, em abril de 1981 nós organizamos o primeiro Encontro de Lideranças Indígenas do estado do Acre. Eu já era um estudante, apareci nesse encontro e me identifiquei que era um Yawanawá que estava estudando em Rio Branco. Eram poucos líderes, bem antigos, e me receberam como filho, como neto. Me lembro como hoje. Foi um presente. "Meu filho, vem nos ajudar". Porque eram só eles que estavam lá. Tinham as instituições como a Comissão Pró-Índio do Acre, Conselho Indigenista Missionário, o CIMI, mas eram eles que dirigiam. E eu apareci como estudante, como um jovem índio. E eu fui criado com meus avós, que não falavam português.

Como que se chamavam seus avós?

Meus avós se chamavam, em português, Antônio Luiz, em Yawanawá são vários nomes, mas lembro de três – Pekunti, Iva Sttihu, Ushunawá – e minha avó é Mãihu. Eu acabei me enturmando com as lideranças mais velhas que estavam naquele encontro e segui trabalhando com eles. E conheci as ONGs, como a Comissão Pró-Índio do Acre, o Conselho Indigenista Missionário. Foi quando um amigo meu, um antropólogo, o Terri Vale de Aquino, me falou: "Olha, existe já uma coordenação nacional do movimento indígena brasileiro, que é recém-criado, chamado UNI-Nacional, e o coordenador é o Ailton Krenak. O escritório deles é dentro da sede da CPI, lá em São Paulo". Eu falei: "Quero falar com ele. Você pode entrar em contato com ele?" Ele falou que sim. "Então vamos ligar". Nós ligamos, do Acre, logo depois dessa reunião de lideranças, e eu conversei com o Ailton. Eu disse: "Ailton, eu sou um jovem Yawanawá, estou aqui estudando em Rio Branco, e soube da existência do movimento indígena brasileiro, e que você é o coordenador nacional, e eu queria lhe conhecer. Estou sentindo a necessidade da gente convocar uma assembleia para criar o movimento indígena do Acre. E queria lhe convidar ao Acre". E aí o Ailton foi para o Acre, acho que em maio ou junho de 1981. O Ailton me convidou, no mesmo ano, e eu vim pra São Paulo, onde conheci o Álvaro Tukano.

No ano seguinte, em 1982, nós convocamos a primeira assembleia indígena do nosso estado, criando a UNI-Acre, e eu sou aclamado como primeiro coordenador da UNI-Acre. E aí começou toda uma história. Dois anos depois eu fui para São Paulo, e fiquei lá acompanhando o Ailton. Fiquei mais na coordenação nacional, como um tipo de embaixador do movimento indígena... O Ailton, com aquele jeito dele, nunca gostou de viajar, nem o Álvaro. E eu, acho que por ser muito jovem e muito talentoso, gostava. Então meus irmãos me mandavam viajar, e eu fui participar de conferências mundiais, conferências internacionais, o Encontro Mundial da Juventude Indígena no Canadá, fui à Conferência Mundial dos Povos Indígenas no Panamá, fui no Encontro dos Institutos Indígenas Interamericanos, em Santa Fé, no Novo México... Comecei a viajar por vários lugares da América. E conheci muitas lideranças de diferentes países da América. Mas nunca fiquei realmente próximo delas, como fui do Álvaro e do Ailton. Talvez seja uma coisa muito pessoal minha, eu também tenho uma certa timidez que me preserva. Tenho meus companheiros, para o que der e vier, para o resto da vida. Eu não mudo. Isso é uma coisa que eu tenho, essa fidelidade aos meus irmãos, à minha família. E é algo que a visão política dos brancos não pode mudar.

Em 1986, a UNI-Nacional se organiza para lançar vários candidatos indígenas no Brasil, para as eleições para deputado constituinte. Me lembro do Álvaro concorrendo pelo Amazonas. Eu pelo Acre. Eu fui um índio que quase fui deputado federal constituinte do Brasil. Depois do Mário Juruna. Eu perdi por 318 votos a eleição para ser deputado federal constituinte. E, 30 anos depois, ainda nenhum outro índio no Brasil se arriscou a ser deputado federal. Mas foi só daquela vez que eu disputei um cargo político. Eu não sou político nem nunca quis ser. Ali acabou a minha história na política. Outras pessoas seguiram nessa luta, como a Marina Silva, que era nossa companheira, e que virou vereadora, depois deputada estadual, deputada federal, senadora, ministra, candidata a presidente do Brasil. Ela era da minha geração, da mesma luta. Mas eu não quis mais. Não era a minha história.

Logo depois eu entrei e fiquei trabalhando na Funai durante muitos anos. Neste percurso, eu tive também alguns problemas, cometi alguns deslizes contra a minha família, porque os partidos políticos dividem a gente. Os partidos políticos e as religiões são o fim da picada para um povo tradicional como nós, os indígenas. Se nós entrarmos num partido político, estamos destruídos. E por causa dos partidos políticos tive uma divergência com algumas lideranças, e aquilo me deixou muito triste e decidi sair do Rio Branco e fui mais para o interior, mais pra Cruzeiro do Sul, da onde me aproximei mais da minha casa. E minha avó, que já estava bem velhinha, me falou: "Volta pra casa. Já está na hora, tudo que você tinha que fazer lá fora você já fez." Isso foi em 1992.

Mas antes de falarmos da sua volta, gostaria de saber se mesmo sem se eleger deputado, você chegou a acompanhar o processo da Constituinte?

Não, eu fiquei acompanhando mais à distância. O movimento indígena fazia isso: quando não dava para um ir, o outro ia e acompanhava. Eu fiquei no Acre, onde estava fazendo toda uma política, ajudando a construir a Aliança dos Povos da Floresta, a criar a Embaixada dos Povos da Floresta. Levamos o Lula para o Acre, criamos toda a parceria com o Chico Mendes e os seringueiros. Montamos um escritório em São Paulo, lá na Casa do Bandeirante, que virou a Embaixada dos Povos da Floresta. A gente organizou muito movimento no Brasil. Depois, organizamos a Semana da Amazônia em Nova York. Nós levamos um bando de gente para lá: o Chico Mendes, várias lideranças, seringueiros, eu, o Ailton. A gente estava sempre junto.

Mas, a partir de 1992, eu recuei. Porque eu vi que era outro o meu caminho. Eu voltei para a casa. Eu senti um chamado muito forte que eu não sei explicar. E que não era somente dirigir minha família. Mas era honrar minha mãe e meus avós. Seguir o caminho cultural e espiritual. Então isso não tem preço, não tem tradução. E quando eu entrei para dentro do meu povo, fui enxergar que esse mundo aqui fora me impedia de encontrar eles. Então tive que ficar um bom tempo, fiquei dez anos sem me comunicar com o mundo externo. Sem fazer política, sem viajar. Só na aldeia. Para me reencontrar de novo. Botar meu pé no chão, pegar minha flecha, minha canoa. Construir uma família. Saber fazer meu roçadinho, fazer minhas coisas... Viver como meus avós viviam.

Quando eu saí da aldeia, eu era adolescente, com 17 anos, rapazinho. E voltei com 28 anos para casa. Então eu tinha que começar a sentir como que era uma liderança de verdade, como é que um líder dirigia seu povo Yawanawá. Em todos os sentidos. O que faz, quais armas usa, quais instrumentos de trabalho. O que faz quando alguém está doente para curar. Como é ser o líder? Como é que é esse homem? E não era tão fácil para mim, porque estava voltando, tinha vivido fora boa parte da minha vida adulta. Era um desafio muito grande. E não era um menino que nem eu que iria compreender isso, dividido com um pé aqui e outro lá fora. E eu falei então: "Eu quero seguir isso, viver aqui. Eu quero dedicar minha vida a isso." Então eu decidi seguir nosso caminho espiritual.

E quem é que iria me orientar? Eram os velhos. A sabedoria estava com eles. Não eram os jovens. Não era a minha geração. Era o antes de mim, aqueles que viveram com meus avós. O meu cunhado, o Yawa, que faleceu agora, dia 27 de março de 2018. E o Tatá, o tio Raimundo. Eu falei para eles: "Me ajuda. Como é que era o comportamento de uma liderança, o que é que deve ser feito?" E aí começamos... Todos nossos líderes foram líderes espirituais. Como é que você vai ser chefe de um povo se alguém sabe mais do que você? Como é que você vai dirigir um pajé se você não sabe de nada do mundo espiritual? Ele é que conhece as coisas! Então você tem que fazer toda essa trajetória da sua vida, para você chegar a se consagrar como uma liderança do nosso povo. Não é política. Não é estratégia, não é financeiro. Não é isso o nosso mundo. O nosso mundo é muito maior do que isso. O nosso mundo é o da simplicidade, do amor, do perdão. Da tolerância. Quando tem que chorar, sorri.

Eu passei por todo esse processo de aprendizado, auxiliado por esses velhos, e esse tempo fez eu me apegar com eles. Me apeguei profundamente. Meus tios, os velhos da minha casa. Me tornei um filho, um amigo, um professor. Um aluno. Um cunhado, como era do Yawa. Um sobrinho, um filho como era do Tatá. Um sobrinho, um genro, como era do tio Raimundo. Eu virei uma pessoa de casa. E daí, assim, eu juntei um pouco do mundo que eu vivi fora, durante quase doze anos, e o mundo lá dentro, que eu conheci desde que nasci. Peneirei um pouquinho de cada um deles, e juntei. E disse: "Daqui podemos caminhar juntos".

Qual era o desafio que você encontrou quando você voltou, em termos do que estava acontecendo na aldeia? Tinham desafios fortes acontecendo lá, de relação com pessoas de fora e invasão?

Sim, muitos desafios. Primeiro, eu tive que tirar o álcool. O álcool chegou junto com o contato em todas as terras indígenas. O álcool é um dos grandes venenos que nosso povo não dominou e nem vai dominar. Eu acho que é uma questão espiritual. Nossa família não se dá com álcool. Qualquer índio desse continente ou de qualquer outro continente não se dá com álcool. Então, eu falei assim: "Eu, como líder, não quero bebida alcoólica na minha aldeia". E depois os evangélicos. Eu falei também: "Eu não quero nenhum tipo de religião na minha casa". No meu povo. Nós somos um povo! Esse rio o homem fez? Não! O homem não fez esse rio! O homem fez essa terra? O homem não fez essa terra. Assim como o homem não me fez. A nossa nação tem uma origem soberana de nosso Criador. Nós viemos prontos, perfeitos, com nossa ciência, com nossa essência, com nossa qualidade. Por que que alguém tem que me reeducar de novo? Educa Deus então! Quem está errado é Ele, não é eu não! Então, não quero religião dentro da minha casa. Respeito, mas na minha casa não. Eu tive essa dificuldade no começo com a questão religiosa. Mas foi abrindo o meu caminho. Eu tive esse problema principalmente com as missões protestantes, os evangélicos...

Depois, tive que redirecionar um sistema que foi montado de paternalismo do Estado, que o governo brasileiro criou contra os povos indígenas. A própria Funai. Eu trabalhei muitos anos na Funai e sei como ela funciona. É igual como quando uma criança está chorando, pega uma chupeta e bota na boca dela, pronto. Resolveu o problema. Mas às vezes, a criança não estava querendo a chupeta. Ela estava chorando por outro motivo! Então eu comecei a analisar o que que era. E comecei a buscar novos caminhos próprios. Alianças. Novos parceiros. Comecei a ouvir as pessoas de fora, meus amigos. Pessoas como eu fui conhecendo, como quando conheci os antropólogos na ECO-92. Qual a opinião deles? Então a minha casa virou uma casa onde eu perguntava a todos os meus amigos, "qual a sua opinião sobre essa questão?" Para eu poder ver qual era a melhor decisão a tomar. Principalmente o mundo do homem ocidental, que eu não conheço. Me ajuda, me orienta. Não me dê dinheiro não, me ajuda a clarear o que eu estou buscando.

Eu não fui uma liderança voltada para dinheiro. Nunca fui. Isso tem sido uma dificuldade que enfrentei na minha casa. Porque já vi oportunidade grande de desenvolver a economia de forma muito forte para o meu povo. Envolvendo milhões de dólares. Mas nunca aceitei. E nem aceito. Eu quero ir passo a passo. Eu quero caminhar com meus próprios pés. Eu quero sentir minha capacidade física, humana, de caminhar. Não quero andar voando. E quero ajudar meus filhos a aprender a caminhar também. Quando eles tão cansadinhos, eles poderem sentar. Eles terem uma oportunidade de seguir ou não. Quando você não está caminhando com seus próprios pés, você não tem como parar. Como diz um líder espiritual lá da Colômbia: "Nossa, eu nunca tinha andado de avião, quando o avião subiu de Bogotá pra ir pra Espanha, eu fiquei com tanto medo que eu queria mandar o comandante parar o avião. Eu ia correr para pedir para o comandante parar, mas descobri que estava fora da terra, se parasse ia morrer eu e o comandante e todo mundo. Então tive que aguentar até chegar até o outro lado do mundo." É assim quando a gente não conhece as coisas, quando a gente não tem o domínio nem o controle, você vai para onde as pessoas querem. E a gente tem que ter cuidado.

Essa pode ser uma das grandes burrices minhas, mas pode ser uma das virtudes que poucas lideranças indígenas nesse país ou nesse mundo possuem. Nunca me cativou propostas de ficar rico de uma hora para a outra, de ganhar poder e dinheiro. Sempre quis essa liberdade de conduzir minha família, através da nossa aliança, dando passo a passo. E quando eu entrei profundamente, com entrega total, no nosso mundo espiritual, eu descobri que esse era o caminho mesmo. Eu mergulhei no nosso mundo espiritual no ano de 2000, e percebi que a minha família sempre foi assim. Era assim que meus avós viviam, era assim que os Yawanawá viviam. Com tanta simplicidade, mas com tanta sabedoria. Uma pessoa que pode curar um doente, a pessoa pode estar morrendo, o espírito pode ir embora que o cara vai lá buscar! E não precisa ter um adorno, não precisa ter beleza, não precisa ter nada. Simplicidade, natural. Sem chamar a atenção de ninguém. Eu quero seguir esse caminho. Quero seguir esse caminho dos meus ancestrais, em pleno século XXI.

Sei que nunca vou chegar aos pés, como foram meus avós, como foi recentemente o Tatá, o Yawa... Mas eu tenho um sonho. Eu ouvia eles falando, eu conheço essa história. E principalmente agora, com a morte do Yawa. Eu estou vivendo como se fosse o último homem que conhece plenamente a história do nosso povo, dentro da geração da nossa nação, que já está chegando a mais de mil pessoas. Estou vivendo como o homem mais velho do caminho espiritual do meu povo. E isso requer uma responsabilidade muito grande, mas eu não preciso me preocupar com isso. É só seguir o que eu vivo, é isso que eu tenho que fazer.

Por isso eu quero compartilhar um pouco com vocês essa história da minha vida. Eu ajudei muita coisa nesse país. E no mundo! Eu nunca falo sobre isso, prefiro não dar muita entrevista, falar em rede social. Tudo o que eu pude fazer, o quanto mais eu pudesse ocultar, eu ocultei. Toda a minha vida. Até hoje. Porque meus avós me ensinaram a fazer assim. Minha avó falava para mim: "Meu filho, nunca se exponha. Porque você vai despertar inveja deste, ciúme daquele, energia negativa, e isso é muito ruim para você caminhar. Então sempre que você fizer, faça escondidinho". Então eu cresci com aquilo no meu coração. Virei um homem com esse sentimento. Falo pouco, só quando acho necessário.

Dentro da nossa própria tradição, hoje eu me tornei, depois dos meus tios, um dos líderes espirituais mais importantes da nossa história atual. Não vou abandonar isso. Eu não quero chamar a atenção de ninguém. Eu não preciso disso.

Essa é uma questão interessante, porque você teve a chance de ouvir. Agora, sendo um dos últimos dessa geração, agora talvez seja preciso falar, passar para a frente...

Falar sim, falar eu vou falar... Já estou falando. Eu estou criando agora um grupo, uma equipe com pessoas para ensinar. Primeiro eu estou formando um conselho. Esse conselho são meus primos da minha geração, para a gente poder formar uma nova geração. Mas isso é uma coisa interna. Eu, dentro da nossa casa, sempre lutei. Desde jovem eu ajudei a lutar, com meu tio. Nossa terra foi o primeiro Território Indígena do estado do Acre a ser demarcado. Eu fui uma das primeiras lideranças, fui mentor e responsável por primeiro expulsar as missões protestantes das terras indígenas do Brasil. Fui eu que comecei. Não tinha ninguém por trás de mim, era a minha própria consciência. Eu tinha apenas dezoito anos. Então tem muitas histórias...

Eu fui a primeira liderança indígena a fazer uma parceria internacional, uma cooperação internacional com uma empresa norte-americana de cosméticos. Os índios não podiam negociar, precisava ter aval da Funai. E eu fiz uma parceria de fornecimento de corante natural com uma empresa chamada Aveda Corporation. Uma parceria que dura até hoje. Há dez anos atrás foram criadas duas organizações para ver essas parcerias. Tem um primo meu que gosta disso e está cuidando delas. Eu não. Não quero nenhum tipo de empresa dessa comigo não. Mas está dando certo. Negócio é que nem casamento, quando os dois se amam vai eternamente. E este dura até hoje, vinte e poucos anos.

Eu rompi muitas barreiras também quando convidei meus amigos de visitar a gente na aldeia, num momento em que era proibido. A Funai proibia pessoas estranhas de entrarem em terras indígenas, argumentando que isso iria descaracterizar, ia levar outros costumes. Eu falei: "Eu dou a mão à palmatória. Deixa eu levar meus amigos. Se eu errar, eu quero ser punido perante a lei desse país". Não me trate apenas como índio. Primeiro, eu já fui funcionário público, sabia do que estava falando. E daí eu comecei a levar meus amigos. Hoje, a gente tem uma autoestima muito maior. A nossa casa, a nossa família, a nossa geração está muito mais forte. A gente ficava discriminado: diziam que índio era preguiçoso, que índio era ladrão, que índio era bebedor de álcool. Tudo que se pode taxar de ruim um ser humano foi jogado em cima de nós. Eu queria quebrar esse paradigma, dizer que nós somos capazes tanto quanto qualquer povo desse mundo. Só nos dê a liberdade de seguirmos nossos caminhos, nossas escolhas.

E para quebrar esse preconceito contra os povos indígenas, foi muito importante abrir nossa aldeia, levar pessoas para conhecer nossa realidade. Comecei levando nossos amigos. Daqui a pouco, começaram a aparecer pessoas importantes, atores, empresários, políticos, tomando ayahuasca com a gente, tomando nosso rapé, cantando com a gente na nossa língua. Aí, dentro da aldeia, as pessoas começaram a ver que eles também gostam! Aquele ali é autoridade e está junto com a gente. Nossa família se levantou com isso. Despertou para nossa tradição, aprendeu a valorizá-la. Nós fomos importantes para abrir esse espaço, para o indígena brasileiro saber que é ouvido e pode falar de vários lugares do mundo. Eu já recebi parentes desde o Chile até o Canadá, no festival que nós organizamos desde o ano de 2000. E isso ajudou a gente a valorizar nossa cultura.

Nós vimos que nossas coisas estavam se perdendo. Nossa língua, nossa cultura, nossa espiritualidade. Porque essa questão espiritual era uma coisa só para homem. E para poucos. E eu vi uma necessidade de abrir isso para uma nova geração, inclusive para as mulheres. Então eu me tornei uma liderança que empodera a juventude e a mulher Yawanawá no mundo espiritual. E hoje é muito diferente. Eu não sou mais um líder capaz de caminhar sem a presença feminina e sem o jovem ao meu lado. Eu já sou uma liderança desse novo tempo. Então foi muita coisa que eu consegui fazer nesse meu silêncio, no meu jeito, sempre em conexão com meus irmãos, com meus amigos.

O Ailton Krenak sempre esteve muito presente na minha trajetória. A gente se organiza para se encontrar. Uma vez, a gente foi se encontrar lá em Túnis, na Tunísia. Nós nos organizamos para se encontrar lá no Havaí, também. Era sempre para conviver, trocar ideia, ver o que o outro está fazendo, como está fazendo. E depois voltar como se nada tivesse acontecido, cada um para o seu cantinho. Sempre fizemos isso.

Bira, você pode contar um pouco de como foi a presença dos missionários lá na terra de vocês? Quando você era criança eles já estavam lá?

Os missionários chegaram logo que o vovô estava fazendo a passagem. Acho que eu tinha uns oito anos. E eles dominaram a nossa família, para aprender a falar a língua. E foram quase trinta anos de evangelização. Eu nasci nesse mundo evangélico. E eles discriminavam nossa cultura, nossa espiritualidade, nossa medicina. Diziam que nossos rituais eram coisas do demônio, eram diabólicos... Agora, você imagina, como é que a pessoa mora na aldeia, mora junto com você, e o pisoteia, o discrimina, o esculacha? É muita cara de pau, humanamente pensando. Era assim que eles tratavam a nós. E eu fui crescendo, ouvindo isso dos pastores.

Foi só depois, como eu falei, quando vim para a cidade que eu conheci nossos direitos. Eles negavam para nós os nossos direitos, o usufruto exclusivo da nossa terra, a língua, a cultura. Os caras iam morar conosco para esculachar? Então eu me revoltei muito contra eles. Eu falei: "Se o seu Deus é tão bom, por que é que você mata os outros? Você está matando espiritualmente, você está matando psicologicamente!". Eu me revoltei contra eles, me rebelei contra eles. Então, quando foi 1983, eu voltei e reuni minha geração de jovens e nós expulsamos eles. Foi muito difícil.

A Polícia Federal fazia a proteção dos protestantes e foi me buscar preso, lá dentro da minha aldeia. Eu falei assim: "Me prende. Em nome do Brasil, me prende. Em nome da defesa desse país, me prende. Me levem preso. Porque eu tirei os missionários norte-americanos daqui da aldeia, porque evangelizaram, acabaram com a cultura, com a riqueza desse país, então me levem. Eu vou rindo." Aí o delegado falou: "Você está se exaltando". Eu respondi que não estava me exaltando. Eu tinha dezoito anos... ele me chamou em particular e disse assim: "Ninguém vai lhe prender. Eu só queria que você desse um depoimento para nós, para a gente escrever aqui". E eu falei que podíamos fazer isso em Rio Branco. E eu fui para Rio Branco, na superintendência da Polícia Federal.

Levaram a sério. Quando foram investigar, a própria missão estava envolvida com tráfico de pedras preciosas lá em Roraima. A mesma missão! Olha o escândalo nacional que se tornou!

Então muita história aconteceu. Aí também virou escândalo, porque a responsável por isso era a Funai. A Funai que fazia os acordos, os contratos com as missões religiosas para as terras indígenas. Então jamais eles iam denunciar os contratos deles mesmos. E quando veio à tona, foi um escândalo. Mas foi graças a essa briga que hoje nós voltamos a ser uma comunidade tradicional. Somos uma comunidade que tem suas dificuldades assim como todas as outras... Mas uma coisa eu tenho certeza: nós somos um povo feliz. Nós somos um povo feliz, alegre e estamos de braços abertos para compartilhar a nossa alegria com todos os nossos irmãos desse planeta. De dar as mãos. Temos nosso dia a dia, nossos problemas de saúde, nossos problemas familiares, mas isso é da vida.

Há duas semanas atrás perdi uma das maiores lideranças, a última liderança espiritual mais antiga, o Yawa. Tem sido forte para mim ultimamente. Mas eu agradeço ao Criador por ter a oportunidade de ter convivido quase toda a minha vida com ele, sem medo de continuar seguindo nossos passos. Então é isso que eu queria compartilhar com vocês. Um pouco da minha história, um pouco da vida da nossa família.

Você falou do encontro, do festival que vocês realizam desde 2000. Portanto, esse encontro começou mais ou menos no mesmo período do seu mergulho na espiritualidade, não é?

Foi, na mesma época. Quando eu voltei para a aldeia, em 1992, eu passei quase dez anos em silêncio. Eu queria entender o que deveria fazer, queria entender como eram as coisas. Mas daí, em 2000, eu me entreguei de vez para a espiritualidade do meu povo. Aí entrei numa dieta de um ano. Eu entrei pra floresta, me isolei. Fiquei seguindo todas as orientações, meus professores estavam me orientando. Quando eu voltei pra casa, eu tinha que dar continuidade. Espiritual, cultural. Ver nossos cantos, nossas rezas, nossas medicinas. Nossa língua. Então quando eu voltei, já vim com uma missão. Então começou tudo ali... Como fosse aquela savana, onde fica tudo seco e aí vem aquela primeira chuva e começam as flores, as plantas a nascer. Foi assim também, quando eu voltei pra casa. Eu já tinha essa missão a seguir. Comecei a trazer de volta a nossa cultura, a nossa espiritualidade. Organizamos o Festival Yawa, que é uma das maiores festas indígenas da Amazônia brasileira. E todos os nossos rituais, no final de semana, no meio de semana, todo o uso das nossas medicinas, de trazer de volta nossos cantos, empoderar as mulheres de novas gerações para mergulhar nessa questão cultural, espiritual. Isso tudo floresce a partir dessa minha dieta no ano 2000.

Bira, você estava contando das muitas viagens que você fez a partir da década de 1980. Você voltou a fazer viagens também nesses últimos anos, mas muito a partir dessa prática dos rituais da ayahuasca, né? Queria saber como você tem visto essa expansão da utilização por todo mundo.

Eu, até hoje não sei, mas acho que fui a primeira liderança indígena brasileira que saí da minha casa, como líder de um povo, para visitar as igrejas de Santo Daime do Brasil. Fiz as primeiras visitas, passei por São Paulo, Rio de Janeiro, Brasília, Minas Gerais. Nunca os padrinhos de igreja tinham recebido um trabalho indígena. Nenhuma das igrejas do Santo Daime, desde sua fundação. Eu fui o primeiro índio que entrei nas igrejas e fiz o trabalho tradicional da nossa cultura. Depois disso, eu comecei a viajar para outros lugares.

Hoje, eu vejo que o ayahuasca está em todo lugar do mundo. Já recebi convites para ir para a Oceania, para a Ásia, para vários lugares. Mas não é esse o meu papel. Não é isso que eu quero nem que eu vou fazer. Tem alguns lugares que eu vou para cumprir uma missão. Eu não vou fazer um trabalho, eu vou levar uma mensagem. Para isso eu vou. Eu sacrifico e vou até lá. Então, já tive também nos Estados Unidos... Em todo lugar. Lá no Oriente Médio, lá em Israel, aqueles lugares todos, essa medicina chegou já. A ayahuasca já chegou em todo o mundo, acabou de chegar lá em Goa, na Índia. A ayahuasca, essa nossa medicina, se expandiu muito.

Eu agradeço muito, também, a doutrina que se criou do Santo Daime, do Mestre Irineu, Padrinho Sebastião. Porque só dá quem tem. Só fala a língua quem vem da origem ou quem estudou. Como é que nós, por que em tantos esses anos não foi expandida a nossa medicina? Tem que ser um dos brancos que tenha acesso livre à sua casa, a sua família, ao seu povo. Hoje o mundo está vendo e sabe onde é que é a origem: é lá onde estão as nossas aldeias. Essa aliança tem se estreitado cada vez mais. De ambas as partes, tanto as internas quanto as externas. As pessoas têm procurado a gente.

Hoje, a minha casa é um terreiro universal, recebo gente do planeta inteiro. Ela tomou outro direcionamento. As pessoas estão podendo ver, conhecer a gente. As pessoas estão começando agora a entender porque é que nós vivemos na floresta, porque é que não poluímos nosso rio, porque é que não desmatamos, porque é que a gente não bota em risco de extinção dos animais. Porque eles são nossos protetores, são nossos guias espirituais, são as nossas medicinas de cura. É como se fosse eu tirando o meu dedo, me machucando até cortar meu próprio pescoço! Vou viver como? Porque são essas plantas que nos ensinam a cantar. São esses pássaros que nos ensinam a cantar. São esses animais, os seus espíritos que nos ensinam a rezar. São essas plantas, essas medicinas que curam vários tipos de doença. Como é que eu vou tirar minha própria saúde?

Os brancos nunca entenderam isso. Com as nossas medicinas, se aproximando de nós, eles estão começando a entender. E o gosto da paz e da harmonia, o homem na natureza começa a cheirar. Apesar de viver num balanço mundial. Nós estamos vivendo numa crise. Não exatamente uma crise... Estamos vivendo um novo ciclo. Estamos fazendo esse giro. Um novo ciclo da humanidade. Um novo tempo. Um novo momento. Um tempo espiritual. Quem conhece esse caminho, vai balançar, mas não vai cair não. Quem não conhece vai dizer que o mundo está se acabando. Como muitas outras nações vão falar que vai ter muita guerra mundial, mas não é isso não. Muitas pessoas vão ter que se limparem. Eu estou consciente disso. Eu estou consciente do balanço...

O que está acontecendo não é só no Brasil não, está acontecendo no mundo inteiro. Vai acontecer muita coisa ainda! Esses anos de 2018, 2019. Não vai sair ainda assim não... Muitos chefes de Estado mundiais têm que sentir dor, para eles repensarem um novo conceito humano. Eu estou consciente disso. Alguém pode falar: "Isso é loucura". Mas aqui não estou tomado de medicina. E eu nunca usei nenhum tipo droga, nunca usei álcool, nunca fumei nem tive outro tipo de vício. Tenho uma consciência plena de que estamos vivendo um novo ciclo, um novo conceito, um novo tempo. Esse tempo é um tempo de se redirecionar. É preciso ter paz, temos que nos encontrar com nós mesmos. Nosso espírito saiu do nosso corpo. Nosso espírito tem que voltar pro nosso corpo.

Esse é o momento da humanidade. Nós nos distanciamos muito de nós mesmos. De nós! A política, o conceito que o homem se criou para ele mesmo, foi sem saída. Para sair nós vamos ter que pagar um preço muito alto. Mas tem sim... tem saída sim... Depois desse grande balanço. Infelizmente é isso. Tem que ter um preço alto. Para derrubar uma sambaúba, não é com faquinha não. Tem que ser machado ou motosserra. Coisa grande. Problemas grandes se resolvem com soluções grandes. E é isso que o mundo vai viver. Está vivendo.

E essa questão em torno da medicina do seu povo, da ayahuasca, não tem riscos? Não pode também ser deturpada e modifica-

da? Como criar um diálogo com as diferentes culturas? Como adequar essa medicina para diferentes culturas sem perder o que ela é?

Tem que ter essa troca. A riqueza e a solução é o entendimento. Não é manipular os outros. Não é diminuir o conhecimento do outro. É somar, juntar. Tem muitas coisas que eu não conheço e você conhece. E muita coisa que eu sei e você não. Mas se nós nos unirmos aqui para discutir uma ideia, os nossos diferentes conhecimentos se enriquecem. É assim que eu penso. É assim que é a situação da humanidade.

Mas eu vejo com bons olhos que está começando a clarear. Começando a clarear esse novo tempo. Apesar de ser assim, como falei, um pouco difícil, doloroso... Mas precisava disso. Precisa ainda disso. Para que a gente se reencontre. Porque daqui a pouco não vamos ter mais animais. Não vamos ter mais floresta! Não vamos mais ter rio! E como vamos ficar? O sistema está sendo usado para destruir tudo isso. É muito pouco tempo! Olha aqui pro Brasil, um dos países mais caçulas... Olha como já está! Imaginar botar mais quatrocentos anos, quinhentos anos a mais aqui, como é que vai ficar a Amazônia?

Tem que mudar. E não precisa disso, nossas riquezas já existem. Só olhar o que tem à nossa volta... Quantos conhecimentos, quantas coisas importantes que a humanidade precisa, que estão na nossa floresta. Então por que não ter um pouco de paciência? Por que não respeitamos o outro ser, o ser animal, o ser planta? Troca com ela... De repente vai aparecer ali uma luz, essa planta vai oferecer uma medicina para curar o câncer, para curar diabetes, hepatite, essas coisas que não se cura ainda nessa civilização ocidental. Elas estão ali vivas, nos ouvindo. Mas nós, com nosso jeito científico, bruto, estamos matando a nós mesmos. Quem sabe se a cura da humanidade não está aí? Mas não, aqui é um bom terreno, vamos tirar isso aqui pra botar boi. Vamos botar soja. O cara não está olhando para o futuro da humanidade, o cara tá olhando pro seu bolso! Nem pro seu filho, nem pro seu neto!

Nós não vamos pensar assim. Nós não pensamos assim. Nosso pensamento é muito diferente. Nosso pensamento é de respeito. É de amor. É de verdade. Então essa é a nossa visão, essa é a nossa história. E por isso que eu vejo que com muitas pessoas importantes, as autoridades, os artistas, os atores, os cientistas que já estão conhecendo essa medicina, estão começando já a ter uma visão diferente das coisas... Eu tenho visto que tem mudado muito. Tem muitas pessoas importantes, de um alcance de comunicação muito grande, mundial, que já estão conhecendo essas medicinas. E que estão mudando e querendo mudanças. Essa troca é muito importante. Se soubermos conversar e respeitar uns aos outros, conseguiremos criar juntos novos caminhos.

E como você vê a importância das culturas indígenas para essa mudança geral de pensamento do mundo?

Se a gente olhar para o Brasil, é uma riqueza muito grande. São centenas de línguas diferentes, são centenas de culturas, de sabedorias. Muito ensinamento. Mas os nossos governos, a política brasileira, as pessoas que estão no alto escalão do poder, não conseguem enxergar isso, traçar uma nova política cultural e ambiental que permita a troca desses conhecimentos, o diálogo, o respeito. Que consiga preservar a riqueza que esse país tem. É só ver a escola. Eu já estudei numa escola de capital, em Rio Branco, no Acre, que falava dos índios norte-americanos. Eu lendo livros falando dos meus parentes lá do norte. Não falando nada das nossas culturas vivas. E eu, índio!

Ou então, é uma coisa só teórica, para dizer que falou dos índios, mas sem se aprofundar em nossas culturas. Isso é muito feio! Nós temos tantos índios sábios, capazes de ajudar numa transformação do mundo para melhor, e que precisam ser ouvidos e incluídos no nosso sistema educacional. É preciso chamar essas pessoas para palestrar, para conversar, para participar da educação das nossas crianças. Hoje temos muitos índios acadêmicos, responsáveis. Mas também tem muitos índios que viraram as costas para sua cultura. Não somos 100% corretos. Somos uma sociedade como qualquer outra. Assim como tem pessoas boas, tem gente que faz coisa ruim também...

Então eu quero dizer que estamos, hoje, abertos. Hoje nós nos sentimos mais à vontade. Hoje a gente confia mais. Antes, era muito perigoso. Por isso que nossos velhos preferiam a morte à aliança. Nossa geração já não é isso. Nós queremos aliança. Estamos aqui para contribuir em alguma coisa para esse país e para a humanidade. Dentro do nosso limite e do nosso conhecimento. Então eu queria terminar dizendo isso. Haux.

SOBRE-VISÕES

LIÇÕES DO PANAMÁ

Depoimento publicado no jornal *Porantim*,
em novembro de 1984.

Em nossa passagem pelo Panamá, por ocasião da IV Assembleia do Conselho Mundial de Povos Indígenas, de 23 a 30 de setembro de 1984, tivemos a oportunidade de entrar em contato com organizações indígenas de várias regiões do mundo: quase 30 países.

Como representantes indígenas do Brasil, fomos três delegados – um de cada região: Norte, Sul, Nordeste. O critério para a indicação desta representação foi o seguinte: cada regional da União das Nações Indígenas que está com trabalhos organizados a nível local/regional indicaria o seu delegado. Como recebemos somente três convites, esta indicação recaiu sobre os regionais Norte (Acre e sul do Amazonas): Biraci Brasil, Yawanawá. Nordeste: José Apolônio dos Santos, Xokó; e pela Coordenadoria de Publicações do Regional Sul: Ailton Lacerda, Krenak.

O CMPI (Conselho Mundial de Povos Indígenas) conta com cinco organizações-base. Sendo o CISA – Conselho Índio da América do Sul; a CORPI – Coordenadoria Regional de Povos Índios, para a América Central e México; Norte América, para Estados Unidos e Canadá; Conselho Nórdico Sami, para Finlândia, Noruega e Suécia; e Pacífico, para a Austrália, Havaí, Nova Zelândia, Taiti, etc.

A delegação da UNI-Brasil esteve neste encontro internacional, como organização-base do CISA. Isso significa, por enquanto, apenas, que estamos na América do Sul e reconhecemos o CISA como nosso fórum político internacional, para onde podemos encaminhar questões que envolvam uma articulação com as outras organizações-base do CMPI, e ao próprio CMPI, como organismo não-governamental junto à ONU.

Além das organizações-base citadas acima, estiveram nesta IV Assembleia, como observadores, representantes da Conferência do Círculo Polar Ártico (Alaska).

As organizações indígenas do Canadá, Estados Unidos e Alaska apresentam uma experiência avançada no campo da autonomia econômica e política, juntamente com os Sami.

Tivemos a rara oportunidade de conhecer e participar de discussões nas várias comissões de trabalho organizadas durante este encontro. Escolhemos as comissões que entendemos mais afins com problemas que enfrentamos hoje no Brasil. Como eram quatro comissões por turno de trabalho, tínhamos que deixar uma delas sem cobertura de representação brasileira, por sermos apenas três representantes.

Escolhemos assuntos/temas como: Organização Indígena/ Estado-Nação; Movimentos Indígenas/Movimentos de Libertação Nacional; Etnocídio/Culturas Indígenas; Convênios Internacionais/Direitos Indígenas; e Economia/Culturas Indígenas.

Em cada comissão dessas, se discutiram problemas que afligem, todo dia e hora, os povos indígenas no Brasil. A todo momento identificamos uma situação que está ocorrendo, hoje mesmo, em alguma área indígena deste país em que vivemos.

Pudemos ver, na discussão sobre "Etnocídio/Culturas Indígenas", a situação do povo Pataxó Hã-Hã-Hãe, no sul da Bahia, além de toda a população indígena e a não reconhecida como indígena do Nordeste brasileiro. Na discussão sobre "Economias/Culturas Indígenas", identificamos a situação das comunidades afetadas por "projetos de desenvolvimento", que não levam em consideração os povos que habitam as regiões em que eles se instalam.

Foram muitas as descobertas e conclusões que pudemos ter nesta IV Assembleia do CMPI. Mas, talvez, a mais importante lição que tivemos foi de um povo que não veio de muito longe para este encontro; estava ali mesmo no Panamá: o povo Kuna. Com uma experiência de organização que já vem de muitas décadas.

Não é de agora que este pessoal vem buscando formas de sobreviver, física e culturalmente, ao convívio com as sociedades modernas.

Os muitos anos de luta deste povo lhe deram uma grande experiência para tratar com o Estado e com as várias formas de organização do mundo moderno. Hoje, estes nossos irmãos Kuna estão com uma boa parte de seu destino em suas próprias mãos. Uma condição que muitos do Terceiro Mundo gostariam de ter.

Foi visitando a sede do Projeto Pemasky, que reúne companheiros indígenas Kuna, além de Emberá, que tivemos a oportunidade de ouvir dos arquitetos, geólogos, engenheiros, agrônomos, etc. – todos indígenas – como estão desenvolvendo trabalhos de controle e aproveitamento das riquezas naturais existentes em sua comarca de Kuna Yala (que é como eles chamam sua terra; para os brancos, San Blas). Foi aí que sentimos a necessidade de dar um grande salto em nossa caminhada. Entendemos que se não fizermos isso, buscarmos uma via que nos leve à autonomia econômica em relação aos órgãos do Estado – seja Funai ou que outro nome venha a ter – jamais teremos a nossa almejada autodeterminação. É uma discussão que teremos que aprofundar.

Com a total dependência econômica em que vive a maioria das comunidades indígenas no Brasil, pouco adiantará a capacidade de mobilização que temos alcançado nos últimos anos. Podemos multiplicar a mil as nossas assembleias regionais; e com isso conseguiremos arrancar, quando muito, uns centavos a mais para os "projetos de apoio econômico" às comunidades indígenas.

Como sair deste processo? Estaremos cada vez mais mobilizados, para, ao fim de toda esta luta, conseguirmos algumas migalhas do Estado?

Diante de uma Funai que teve um orçamento para o ano de 1984 de 16 bilhões de Cruzeiros – além de outros recursos complementares – e que aplicou quase 80% desse total para manter sua própria estrutura administrativa, como ficam as comunidades indígenas?

De que adianta exigir maior orçamento para a Funai? Foi demarcada alguma área com estes recursos? Quantas crianças indígenas tiveram a possibilidade de estudar? Houve atendimento adequado de saúde?

Tudo isto, já estávamos pensando há algum tempo. O encontro do Panamá e as conversas com nossos irmãos de outros países provocaram estas reflexões.

Precisamos buscar nossas próprias saídas. Mas algumas delas passam por caminhos que outros povos indígenas já percorreram. O governo tem uma grande responsabilidade nesta tarefa. É seu dever – e isso nos é garantido por lei – dar condições para que as comunidades indígenas alcancem sua autonomia econômica e política na conjunto da sociedade brasileira. Mas é maior ainda a nossa responsabilidade. E esta responsabilidade ninguém nos tem que cobrar, senão nós mesmos.

Como povo, que tem tanto direito quanto qualquer outro que habita este país, precisamos buscar nosso próprio caminho. E é bem verdade que não teremos que inventar muito. É só achar de novo os caminhos que nos roubaram.

O caminho da autodeterminação dos povos indígenas, entendido como a possibilidade de definir o seu próprio destino, passa pela autonomia econômica.

Vamos unir nossas forças e lutar juntos. Temos muito caminho pela frente.

São Paulo, outubro de 1984
Ailton Lacerda, Krenak
Biraci Brasil, Yawanawá
José Apolônio, Xokó
Álvaro Sampaio, Tukano

Programa radiofônico realizado pelo Núcleo de Cultura Indígena
e apresentado por Ailton Krenak entre 1985 e 1991.

21 de outubro de 1985

**[Ailton Krenak] Vamos conversar agora com o meu parente lá
do Acre, Biraci Brasil, que é um índio Yawanawá e coordenador
da União das Nações Indígenas lá do norte. Boa noite, Biraci.**

Boa noite, Ailton. É um prazer estar com você nesse estúdio da
União das Nações Indígenas, e que a gente possa trazer alguma
informação sobre as comunidades indígenas do Acre e do Sul
do Amazonas.

**Então, nós vamos conversar com o Biraci sobre as questões
em torno da região que ele é coordenador da UNI, lá no Acre e
Sul do Amazonas, onde existem aproximadamente 30 nações
indígenas. 30 grupos indígenas muito diversos. E o governo
está instalando naquela região um projeto chamado PlanAcre.
Nós vamos conversar sobre esse programa, que é semelhante
ao Pólo Noroeste de Carajás, financiado pelo Banco Mundial. O
Biraci é também o representante do movimento indígena para
política exterior. Ele esteve em 1984 no Panamá, participando
da Conferência Internacional dos Povos Indígenas, onde se
reuniram representantes de cinco continentes. E ainda este
ano Biraci esteve participando do Encontro Internacional da**

Juventude Indígena, no Canadá, e estará seguindo ainda este mês para uma reunião de trabalho do Instituto Indigenista Interamericano, no Novo México, Estados Unidos. Biraci, como que tem sido esse trabalho junto aos organismos internacionais? Como eles estão vendo a situação dos povos indígenas no Brasil?

Eu acho que o movimento indígena, de modo geral, aqui no Brasil tem crescido bastante. E com a experiência e com alguns encontros que eu tenho participado, como membro do movimento indígena aqui do Brasil, isso até ajudou a fortalecer o nosso movimento aqui. Porque o nosso movimento está ficando mais conhecido a nível internacional do que mesmo aqui dentro do nosso país. Então isso até reforça a nossa organização. Eu creio que dessa forma nós teremos mais condições de se organizar e ter mais apoio de outras organizações não-governamentais internacionais.

Como é que foi esse episódio agora, que veio um convite dos Estados Unidos para uma representação indígena estar presente nessa reunião de trabalho. Você estava como um dos convidados, o Terêncio Makuxi de Roraima também, no entanto a Funai tirou o nome de vocês. Está impedindo a ida de vocês? Como é que foi isso?

Não faz nem dois meses que eu cheguei desse encontro da juventude indígena que se realizou no Canadá, então eu não estava pensando em ir nesse encontro organizado pelo Instituto. Mas daí tem alguns companheiros, antropólogos lá da Funai, que levaram meu nome para esses quatro convites que veio para os índios aqui do Brasil. E o meu nome foi aceito. Mas não sei o que aconteceu, lá dentro da Funai, que foi decidido pelo chefe de gabinete, pela presidência e pelo Ministério do Interior, e daí resolveram não indicar mais o meu nome. Eu acho que é porque eu sou um dos coordenadores do movimento indígena e quando eu chegar lá no Novo México eu não vou pintar o quadro que a Funai quer. Simplesmente eu vou apresentar como um dos coordenadores do movimento indígena no Brasil.

Então, Biraci, a Funai vai seguir de qualquer maneira com uma delegação oficial, impedindo a participação do movimento indígena que não são comprometidos com a Funai. Você sabe quem é a delegação da Funai que vai estar seguindo para lá?

Eu sei que é o chefe de gabinete do presidente da Funai e um Karajá que é chefe de posto da Funai na Ilha de Bananal, o presidente da Funai e a diretora da AESP. Então só esse pessoal da Funai que está indo para lá. A nossa preocupação é que esses nossos companheiros indígenas que estão indo para esse encontro, que eles cheguem lá e não vão representar o movimento indígena, porque eles são funcionários da Funai, do governo, e eles não têm apoio do movimento indígena para chegar lá e poder apresentar como representantes do nosso movimento. Portanto, nós vamos fazer o possível para mandar o nosso representante para esse encontro, pelo menos como observador.

Eles estão comprometidos com o governo, sem autonomia para poder chegar lá e fazer contato com as outras organiza-

ções indígenas não-governamentais. Mas, nessa visita ao Novo México, além de participar da reunião de trabalho do Instituto Indigenista, tem também a visita nas reservas dos parentes indígenas norte-americanos e o contato com o movimento indígena dos Estados Unidos.

Sim, eu recebi um convite dos nossos irmãos norte-americanos, os Hopi e os Navajo, e depois do encontro do Instituto nós vamos visitar as aldeias. Isso vai ser muito bom para nós, porque nós vamos trocar experiências. São povos que têm uma tradição antiga, que há muitos anos vem brigando com o governo, porque as terras deles também foram invadidas. Então eles já têm uma experiência de luta. E assim nós vamos poder trocar experiências com os nossos irmãos da América do Norte e aqui do Brasil.

Alguns desses líderes do movimento interamericano nós já conhecemos, né, Bira? Encontramos no congresso no Panamá.

Sim, a gente já conheceu alguns líderes desse movimento e também eles conhecem a gente. Então eu creio que a minha visita a esses povos será muito boa. Até porque, de certa forma, eles pretendem apoiar o movimento indígena aqui no Brasil. De forma autônoma e individual, fora de governo. Porque eles têm a economia própria deles. Então eles estão muito interessados em apoiar o movimento indígena no Brasil.

Os índios Hopi já tiveram mineração dentro da terra deles. Negócio de urânio.

Sim, claro. E eles foram muito massacrados também. E hoje eles já venceram a sua batalha e possuem a sua independência, a sua economia, a sua política própria. Vai ser muito bom para o movimento indígena aqui no Brasil poder trocar essas experiências.

Então, de qualquer maneira, estaremos fazendo todo esforço no sentindo de garantir a representação do movimento indígena, sem essa tutela da Funai, sem a interferência da Funai, nesses congressos, como esse que vai estar ocorrendo no Novo México. Agora, para continuar a conversa, Biraci, vamos falar do PlanAcre, esse programa que o Banco Mundial está financiando para o governo brasileiro, e que nós estamos discutindo a aplicação desse projeto que incide sobre áreas indígenas e tentando fazer com que parte desse financiamento seja dirigido à demarcação das terras indígenas, à diminuição dos efeitos, do impacto que um projeto de colonização, um programa de desenvolvimento, como tem sido feito no Brasil, acaba acarretando muita desgraça, muito problema para a população indígena. Biraci, como o movimento indígena na região norte do Brasil está buscando conversar com o governo no caso do PlanAcre?

Bom, Ailton, tem dois projetos especiais: do BIDI e do BINDI. Então nós, índios e líderes do movimento indígena, temos visto um grande perigo para as populações indígenas. Porque a gente já tem experiência em alguns estados, como em Rondônia, com o projeto Carajá. E então estamos bem atentos com isso. Porque a gente vê que a Funai mandou equipe para demarcar oito áreas neste ano de 1985. Mas ilegalmente, só porque querem que os índios fiquem caladinhos, "a terra de vocês está demarcada, acabou-se". Muitas vezes não tem decreto presidencial. E ninguém quer isso, porque a gente sabe que vai ser um conflito mais tarde. Então a gente quer que a Funai tome providências e encare a demarcação das áreas como um coisa séria mesmo. Que demarque legalmente as terras. Então nós estamos muito preocupados. Agora, quanto à negociação desse PlanAcre, nós estamos bem atentos e exigindo a nossa participação naquilo que fala em respeito à nossa terra e o nosso destino.

Em volume de investimento, de dinheiro, quanto vai ser passado para os programas das populações indígenas no total de financiamento?

Olha, eu não tenho bem o total desse projeto, mas eu sei que é mais de 150 milhões de dólares. E o que está destinado às comunidades indígenas e ao meio ambiente em torno de 10 milhões de dólares.

Esses dez milhões de dólares serão distribuídos para o meio ambiente, que é parques e áreas de preservação, e outra parcela para demarcação de terras e programas de apoio para populações indígenas?

Exatamente. Então eu sei que não vai restar quase nada para os povos indígenas. Será um grande perigo. A consequência disso ninguém sabe qual será.

Nós sabemos, né, Biraci, que ou essa população indígena do Acre participa ativamente agora desse projeto e procura de alguma maneira garantir alguns programas de autonomia das comunidades, alguns projetos de autonomia, ou vai ser um desastre muito grande, porque o PlanAcre vai levar para aquela área programas de desenvolvimento e de colonização que vão ter um impacto violento dentro das áreas indígenas. Esse dinheiro tem que ir para a mão da Funai? Como é que vocês estão pensando isso?

A posição do movimento indígena, diante disso, é que o dinheiro seja repassado, se for para a Funai, à delegacia regional. Porque nós temos a experiência de que dinheiro desses bancos que é repassado para a Funai de Brasília, só fica por lá mesmo. A comunidade indígena que dança com isso.

18 de novembro de 1985

[Ailton Krenak] Nós vamos conversar sobre a presença de Biraci Brasil, que é um índio Yawanawá do Acre, que foi participar do 9º Congresso do Instituto Indigenista Interamericano. Esse Instituto é sediado no México e convocou esse nono congresso, que foi realizado em Santa Fé, no Novo México, Sul dos Estados Unidos. O Álvaro Tukano, que conhece o Instituto Indigenista Interamericano, vai dar uma breve referência e daí nós vamos entrar com a entrevista feita com Biraci sobre a sua participação nesse congresso. Álvaro, como é que é esse Instituto em relação às populações indígenas e aos governos?

[Álvaro Tukano] Bom, eu creio que é a Funai para todos os índios das Américas. É um grupo de antropólogos que trabalham em conjunto com os organismos de governo que de certa forma, embora tendo boas intenções, não deixam o índio participar e definir os programas dentro dos estados que atuam. Então o Instituto para nós é uma coisa que deve ser respeitada mas que no fim não podem decidir autonomamente sobre as questões indígenas porque é do governo.

[Ailton] Este Instituto Indigenista Interamericano é vinculado a que governo especificamente?

[Álvaro] É um instituto ligado à Organização dos Estados Americanos (OEA). No caso do Brasil, o índio não pode ter voz porque ele é tutelado. E em outros países também não tem voz. Então é um instituto exclusivamente para os interesses do governo e qualquer vinculação do movimento indígena para com o Instituto significa uma manipulação. E a UNI não pode aceitar essa manipulação.

[Ailton] Bom, chegou para a União das Nações Indígenas no mês de outubro um Telex convidando a UNI para convidar um representante para participar desse 9º Congresso. Nós fizemos a indicação do Biraci Brasil. Teve lá alguns episódios que envolveram a participação do representante da UNI com o representante da Funai, Apoena Meireles, que também se encontrava nesse congresso. Então havia uma representação oficial do Estado brasileiro e uma representação do movimento indígena. Vamos então seguindo o programa e vendo essa entrevista que foi feita com Biraci na passagem dele por São Paulo.

Eu creio que essa participação do movimento indígena nesta conferência do Instituto Indigenista Americano, em Santa Fé, no Novo México, foi de grande importância, porque nós pudemos ver qual a intenção do governo sobre a política adotada por eles e o que eles tem para contribuir na prática sobre as comunidades indígenas. E também uma das coisas que eu me senti muito mais contente foi de trocar experiências e buscar intercâmbios com as lideranças norte-americanas. Eu creio que isso vem contribuir para o movimento indígena aqui no Brasil.

Biraci, você já esteve representando o movimento indígena em três conferências internacionais, no Panamá, no Canadá, e agora está falando sobre a sua participação no congresso no Novo México. Como foi o critério de escolha de participação nesse congresso.

Em consenso de todo movimento indígena, já fui participar de três conferências internacionais, e também de certa forma ver como que é a realidade dos povos de outros países. E assim ver como é que nós somos tratados aqui no Brasil em comparação com outros índios de outros países. E também buscar o intercâmbio com as comunidades indígenas de outros lugares, para que isso venha contribuir com a organização indígena aqui no Brasil.

Você chegou a estabelecer contato com o movimento indígena nos Estados Unidos?

Sim, claro. Primeiro, nós indígenas estivemos no congresso. E depois fomos visitar as comunidades indígenas.

Quantos dias duraram as atividades do congresso?

O congresso durou uma semana. E depois fui visitar as comunidades indígenas. Fiquei correndo de ônibus nove dias. Entrando em contato com eles, trocando experiências, vendo como eles se organizaram, como conseguiram crescer tanto politicamente como economicamente.

Quais as comunidades indígenas que você entrou em contato?

Com os Navajo, que são a maioria da população indígena norte-americana, e também os Hopi e outras comunidades.

Como é a realidade desses nossos parentes que vivem lá no sul dos Estados Unidos? É uma realidade semelhante à nossa?

É totalmente diferente. Não tem nem comparação com a nossa aqui no Brasil. São povos mais voltados para a economia. Só para dar um exemplo, eles têm fábrica, que comercializam para outros estados do país, eles têm usina hidrelétrica, têm petróleo.

Mas eles têm, isso é propriedade deles, ou estão instalados em terra deles?

Bom, algumas são deles, outras é do governo federal. Mas daí há uma negociação entre o governo Navajo e o governo federal. Porque eles têm o próprio governo deles. Se o governo norte-americano quer instalar uma usina hidrelétrica dentro de uma comunidade indígena, ele tem que primeiro entrar em contato com o governo Navajo. E tem que haver um acordo, senão os índios não permitem. É preciso ter uma série de condições:

pagar uma taxa ou uma porcentagem do rendimento da usina.
É preciso pagar o direito para instalar essa usina.

Então, todo ano, anualmente, ou mensalmente, a comunidade Navajo recebe uma determinada quantia como pagamento pela instalação da usina dentro do seu território?

Exato. É todo mês.

Mas isso é uma participação dos Navajo no capital da empresa ou é só um pagamento como indenização?

É como indenização que eles pagam para a comunidade. Uma indenização permanente por estar instalado dentro de um território indígena. Então, tem que pagar. E, além do mais, 95% dos funcionários que estão trabalhando, operando aquela usina, tudo são Navajos. Para que não entrem outras pessoas brancas que venham desestruturar a cultura deles. Essas pessoas são pagas pelo governo e eles mesmo se desenvolvem lá.

Uma das coisas que mais o impressionou, pelo que você me contou, nessa viagem que você fez pelas áreas indígenas dos Estados Unidos, foi o fato da cultura, da economia, da realidade desses povos indígenas estar o tempo inteiro permeada pelas relações assim de propriedade do capitalismo.

Eles, como eu falei antes, são bem diferentes do que nós. Eles não têm um sentimento como o sentimento indígena que nós temos aqui. Eles são pessoas que estão voltadas mais para uma sociedade branca.

A hegemonia deles, basicamente, está voltada para o mercado?

Exatamente. Até o mercado internacional, como Canadá, Alaska. Eles estão exportando a produção deles.

Você citou numa conversa comigo o caso da grande criação de búfalos.

Eles têm um projeto agropecuário. Eles criam, pelo que conheci, uns 14 mil búfalos.

E essa criação é para o mercado de carne?

Eles têm uma cooperativa da comunidade, que cria os búfalos para consumo próprio, o que é mais do que o suficiente, então é claro que eles estão vendendo também. É muito diferente.

No caso dessa cooperativa, ela vende essa carne também para os próprios índios Navajo ou só com os brancos?

Não. Todos eles são Navajo. Alguns brancos eles pagam para trabalhar lá dentro, mas no geral os empresários são indígenas, os funcionários também.

Mas, entre si, de um índio para o outro, ele fornece o alimento para outro índio ou ele vende?

Vende. Lá todo mundo tem sua casa e eles têm grandes hotéis. Então, se um índio vem de outro lugar, ele tem que pagar para se hospedar. Como eu, que todo dia tinha que pagar comida, para o hotel, e estava dentro de um território indígena. Eu não me senti no meio de índio igual a gente conhece aqui.

Bira, você discutiu a possibilidade de cooperação entre o movimento indígena de lá, que já tem um desenvolvimento, um controle da sua economia muito acentuado, e como eles vão poder colaborar com o movimento indígena no Brasil?

Sim. E vi também muita coisa interesante. Eles tem universidades. Eu conheci uma, que é a central, mas segundo eles, tem três ou quatro universidades. Fora escolas de primeiro e segundo grau. E essa universidade central tem capacidade para 14 mil alunos, todos eles são Navajo, que estudam e se formam estudando a língua Navajo e também o inglês. São as duas línguas oficiais deles lá.

Os cursos que eles frequentam são voltados para a vida deles, para administração das riquezas naturais, ou é um curso voltado para o capitalismo, para competir no mercado?

Eles têm um pensamento de conservar a cultura deles e como ocupar as terras deles. No caso de minério, são eles mesmos que tiram, porque eles sabem fazer esse tipo de trabalho, não precisam de petróleo. Então, para mim eu achei muito importante, porque eles assim criam meios para se defender. Agora, uma coisa que eu achei muito impressionante é que eles têm um programa deles, como indígenas, e o governo federal respeita essa posição de domínio e apoia eles. Por exemplo, a universidade, o governo federal estava contribuindo com 58 milhões de dólares. E, em contrapartida, os índios dão 70 milhões de dólares para o custeio de manutenção da universidade. E é uma coisa que é só da comunidade. Mas o governo, por sua vez, como ele tem compromisso com a nação norte-americana, apoia. E é o que nunca ocorre aqui no nosso país.

Pelo contrário.

Pelo contrário. O que eles fazem é nos marginalizar, dizer que nós somos incapazes. E nos deixam numa condição muito inferior, sem dar condições de educação e nem tampouco de saúde.

Escuta, Biraci, como é que foi a participação da delegação indígena brasileira e também como foi a participação da delegação oficial do governo?

Como delegado oficial do Brasil foi o Apoena Meireles, que é atual presidente da Funai, e a Olga, que é chefe da AESP, e o Estevão, que é índio Bakairi, que é o chefe de gabinete do presidente da Funai. E como chefe de delegação estava o embaixador do Itamaraty. Ele que era o líder da delegação e que representou o Brasil nessa conferência.

E qual foi a posição deles?

Nós, todos os índios de diversos países, e representantes de suas organizações, estávamos com condições de observadores. Não podíamos participar. Mas, no último dia, quando os índios estavam participando do fórum aberto, onde estavam todas as delegações oficiais e também estavam os líderes dos movimentos, uma coisa que me deixou chocado foi quando eu vi o embaixador do Brasil levantar e dizer, perante todas as nações indígenas de todas as Américas, porque nós estávamos exigindo a participação nossa dentro desse congresso. Não ficar só na condição de observadores de uma coisa que dizia respeito ao nosso destino. E foi o embaixador do Brasil, viu essa proposta e disse que ali se pensava uma política de governo para governo, que não tem nada a ver com índio...

No entanto era o 9º Congresso Indigenista. A UNI recebeu formalmente o convite. Como os índios norte-americanos, ou da América Central, reagiram a essa fala do embaixador do Brasil?

Tem um companheiro da Nicaragua, que está como delegado oficial, que disse que bastava o massacre contra as nações indígenas da época da colonização. Que hoje os governos estavam reunidos para traçar uma nova política indigenista, e de que forma poderiam contribuir com as comunidades indígenas, participar dos programas de seus países ou de onde eles se residem.

E o embaixador chegou a responder?

Não, ele não respondeu nada. O companheiro falou que não se podia isolar os índios, perante todos os índios da América, com representantes das populações de seus países presentes lá. Foi muito desrespeito do embaixador.

Agora, chegando dessa viagem, depois de pensar tudo isso, você gostaria de morar lá?

Olha, não, eu quero ficar mais no Brasil. Eu, como verdadeiro nativo dessa terra, eu tenho que ficar mais aqui nesse país.

Em que lugar?

Eu quero ficar dentro da minha comunidade. Lá onde estão meus pais, lá onde estão meus avôs. Lá é o meu lugar.

DEPOIMENTO NA ABA

Depoimento realizado no encontro da Associação
Brasileira dos Antropólogos, em abril de 1986

Vou falar aqui as razões de os Yawanawá do rio Gregório expulsarem os missionários das Novas Tribos de dentro de nossa área indígena. Isso aconteceu depois de avaliações feitas pela comunidade. Chegamos à conclusão de que os 15 anos que esses missionários passaram na nossa área nunca mostraram interesse em ajudar concretamente a nossa comunidade. Passaram todo esse tempo enrolando os índios, boicotando a nossa organização política e impedindo o desenvolvimento da economia indígena. E, sobretudo, desrespeitando a cultura indígena, desconsiderando as rezas e rituais de nossa comunidade, impondo a religião deles, dizendo que é a melhor, a única que salva e que vai garantir o paraíso, que é um lugar de paz eterna e de harmonia no céu. Esses missionários norte-americanos viviam dizendo que a nossa religião, o cipó (daime) e o nosso mariri e festas tradicionais eram coisas do diabo. Por causa das pregações religiosas deles, esses missionários converteram algumas lideranças para impor a religião deles para o resto da comunidade. Criando, de certa forma, uma divisão interna entre os índios de nossa comunidade.

Eu, por exemplo, fui muito perseguido e caluniado por esses missionários das Novas Tribos. Saí de minha comunidade para estudar em Rio Branco, bem dizer fugido por causa dos patrões que mandavam em nossa área e por causa desses pastores das Novas Tribos. Depois que eu comecei a participar de reuniões do movimento indígena e acompanhar os trabalhos das entidades de apoio à causa indígena (CPI-Acre e CIMI-Norte), que acho muito importante não só para mim como para todas as comunidades indígenas do Acre. Aí a missão Novas Tribos tentou jogar alguns índios convertidos à sua religião contra mim, dividindo ainda mais a nossa comunidade. Os missionários viviam dizendo para o seu povo que eu era comunista, era traficante de drogas, que nem sei o que é. Diziam ainda que eu não era mais índio, porque já conhecia os Estados Unidos, o Canadá e outros países e o índio que é índio tem que viver só na mata, sem sair para a cidade e buscar os nossos direitos pela posse de terra em que vivemos e trabalhamos. É agindo dessa forma que a missão Novas Tribos vai ajudar os índios nas áreas onde eles atuam? Se o próprio governo brasileiro até hoje não consegue assistir decentemente as comunidades indígenas deste país com saúde, educação e projetos econômicos, quanto mais estas missões Novas Tribos que não tem compromissos com os índios e com o nosso país.

"FOI IMPORTANTE A NOSSA PARTICIPAÇÃO"

Matéria de Antônio Carlos Moura, sobre as
candidaturas indígenas para a Constituinte,
publicada no jornal *Porantim*, em 31 de dezembro de 1986

Ainda não foi publicado até o momento o total dos boletins com a votação de cada candidato para a eleição dos candidatos a deputados para a Constituinte, porém Ailton Krenak, coordenador nacional da União das Nações Indígenas (UNI) fez algumas considerações ao Porantim a respeito da primeira intervenção político-institucional pelo Movimento Indígena nas eleições do último dia 15 de novembro.

Para o coordenador, a avaliação da participação dos candidatos indígenas não pode se limitar aos que saíram pelo Movimento junto ao Partido dos Trabalhadores (PT), mas tem que se estender às candidaturas indígenas que se viabilizaram pelas legendas do Partido Democrático Trabalhista (PDT) e Partido do Movimento Democrático Brasileiro (PMDB) com resultados também desastrosos.

No entender de Ailton, o desempenho das candidaturas em algumas regiões foi marcado pela questão de interesses que se opõem diretamente aos direitos de população indígena, redundando em atritos com a população indígena, redundando em atritos com a população regional e, consequentemente, desta com a candidatura de um índio. Nesse caso, acrescenta, a questão independeu de qual foi o candidato ou o partido. O índio poderia ser simpático ao branco e até sair por partido governista e mesmo assim representar um risco para essa faixa de interesses. Isso se deu, segundo Ailton, em Roraima, Amazonas e Mato Grosso, onde inclusive, a legenda pela qual saiu o candidato indígena perdeu votos para os cargos majoritários.

"O mesmo não ocorreu, por exemplo, em Brasília, São Paulo ou no Rio de Janeiro, onde os interesses são muito difusos e não há choques diretos. Nesses estados a candidatura indígena conta de saída com a mística do bom selvagem, da proteção do meio ambiente, etc., que não resiste de jeito nenhum com a realidade do sertão, onde a estrutura fundiária é determinante no jogo das eleições e do poder".

Ailton aponta também as principais dificuldades das candidaturas do Acre, Roraima e Amazônia, que resultaram de entendimento da coordenação nacional da UNI com a direção nacional do PT. Para começar, esclarece, "tínhamos a dificuldade de implantação do Partido dos Trabalhadores nessas regiões paralela à estrutura do PMDB e PFL, que lançaram candidatos a todos os níveis com recursos imensos, atingindo inclusive as comunidades indígenas com uma campanha agressiva". Houve dificuldades ainda, continua, quanto à articulação das candidaturas com as direções regionais do PT, que chegaram a contestar o acordo do PT-Nacional com a UNI.

O estado de desânimo em que se encontram os candidatos indígenas derrotados, para Ailton, se deve ao que chama de "fenômeno Juruna - que saiu candidato pelo PDT em 1982 sem dinheiro, sem cabo eleitoral, sem viaturas, sem campanha e se elegeu deputado federal". Isso, a seu ver, significou certa simplificação por parte dos candidatos de 1986 do que é uma campanha. Diz ainda que se tivessem conhecimento real, muitos não teriam saído como candidatos. O coordenador da UNI acha que após essa fase de desânimo é provável que fique uma lição: "política não é brincadeira, é um espaço onde se dá a luta pelo poder mesmo. Creio que mesmo o Juruna nunca aprendeu tanto quanto com a derrota dessas eleições".

Uma reunião com todos os candidatos indígenas será chamada pela UNI, ainda no primeiro trimestre de 1987, para avaliação das eleições de 1986 e definição de trabalhos para o ano da Constituinte.

Já Biraci Brasil, índio Yawanawá que se candidatou pelo PT no Acre, ainda não fez uma análise detalhada sobre os motivos que fizeram com que dos 2.700 índios eleitores, 40% tenham votado em não-índios Escolhido por mais de 80 lideranças indígenas, que representam mais de 12 nações daquela região, Biraci diz que previa pelo menos 500 votos dos indígenas acreditando que alcançou um pouco mais de 300.

Entretanto, ressaltou o abuso do poder econômico, pois, embora com bastante apoio em Rio Branco, nas regiões interioranas até dinheiro foi distribuído aos chefes de algumas aldeias: "Houve distribuição de motosserras, sapatos, querosene, camisas e dinheiro que chegava de dois a cinco mil cruzados. Na hora da votação, foi o dinheiro e as necessidades de imediato que decidiram a votação. Não houve jeito ao contrário, foi assim que funcionou".

Biraci reconhece o apoio dado por entidades que apoiam os índios, coisa que os outros candidatos não tiveram e que não compraram os votos por bugigangas. "Estou ciente da não votação dos índios para minha eleição, mas isso é uma questão que deve ser analisada com mais calma, embora esteja clara a falta de escrúpulos dos brancos que usam o índio até em troca de cachaça. Mas foi importante a nossa participação".

Álvaro Sampaio, índio Tukano que foi também candidato pelo PT, desta vez no Amazonas, fala que os investimentos feitos pelas empresas de mineração qua atuam no Alto Rio Negro para a campanha do PMDB foram um dos fatores determinantes para a sua não-eleição. Conforme Álvaro, esses investimentos, aliados ao apoio da Missão Novas Tribos do Brasil, permitiu a inescrupulosa distribuição de gêneros alimentícios, vestuários e promessas para os índios da região. "São esmolas", que segundo Álvaro ainda causam efeitos entre os indígenas menos esclarecidos.

Ali, onde o Projeto Calha Norte está sendo implantado, o Exército teve forte interferência no apoio ao PMDB. Álvaro admitiu a força do lobby formado pelas empresas, Conselho de Segurança Nacional e Novas Tribos, que conseguiu impedir a liberdade de escolha dos índios. Entretanto, deixou evidente que o fato não significa que as pessoas que ali vivem deixarão paralisadas suas possibilidades de questionamento sobre as formas de atuação política na região, as decisões e projetos criados para o Rio Negro.

Ele acredita ainda que houve sabotagem na apuração dos votos, uma vez que só em São Gabriel de Cachoeira havia três mil eleitores, resultado que não correspondeu à computação.

CARTA-RESPOSTA A TXAI TERRI AQUINO 

Depoimento publicado na coluna Papo de Índio,
no jornal *A Gazeta*, Rio Branco, em 29 de fevereiro de 1989

Sou Biraci Brasil, 24 anos, índio Yawanawá, nascido nas cabeceiras do Rio Gregório, Município de Tarauacá, na aldeia Yawanawá, Área Indígena Rio Gregório, demarcada pela Funai, registrada no SPU, sem invasores, com uma população total de 400 índios, divididos em duas aldeias, Yawanawá, com 230 índios, e Sete Estrelas, dos índios Katukina, com 170.

Cresci dentro do movimento indígena, participei como representante da Juventude Indígena Brasileira de vários Congressos Internacionais, Canadá, Estados Unidos, México, Nicarágua, Panamá, Peru entre outros. Concorri a uma vaga na Câmara Federal, sob sigla do PT, nas eleições de 1986. Participei da organização e implantação da UNI/AC. Ingressei na Fundação Nacional do Índio no ano de 1987, a convite do antropólogo Terri de Aquino, Adminstrador Regional da Funai naquela época.

Após a saída do Terri da direção da Funai do Acre, no final de 1987, por acreditar que minha permanência na Funai seria mais importante para o Movimento Indígena, pelo fato de ter acesso aos planos e programas do Governo, através de seu órgão oficial para assuntos indígenas, decidi permanecer na Funai e dar meu apoio à nova administração, em virtude das boas referências feitas por conhecidos indigenistas, como José Porfírio de Carvalho, Ezequias (Xará), Adolpho Killian, entre outros, feitas ao Sr.

Slowacki de Assis, designado para assumir a Administração da Funai em Rio Branco, um indigenista com mais de dez anos de serviços como Chefe de Posto Indígena.

Este fato gerou um rompimento das minhas relações com o Terri, o qual, a partir daquele momento, usou de todas as suas forças de pressão para desacreditar minha pessoa, apresentando-me como traidor do Movimento Indígena, usando o espaço que possui junto aos meios jornalísticos, inclusive contestando minha condição de liderança indígena. Tentando, com isto, fazer com que eu retirasse meu apoio à administração da Funai, inviabilizando desta forma a permanência de um administrador designado pela presidência da Funai. O que poderia dar ensejo a uma nova indicação, feita pelo Movimento Indígena, assessorado por ele, a exemplo das administrações anteriores, as quais a meu ver trouxeram muito poucos benefícios concretos para as comunidades indígenas. Usava como argumentos que a nova administração iria facilitar a invasão das áreas indígenas por madeireiros, garimpeiros e fazendeiros, e que teria uma participação econômica nesta atividade, em como que eu visava manter meu salário como funcionário público.

Com o decorrer do tempo, estes chavões foram se desgastando e após a aprovação de um Projeto de Exploração Racional de Madeira para a aldeia Yawanawá, projeto este solicitado pela minha comunidade, que já vinha tentando utilizar do potencial econômico de nossas matas, através da exploração racional de madeira, desde o ano de 1985. Devido ao baixo preço da borracha, principal atividade econômica dos Yawanawá, cujo valor de produção não vinha satisfazendo nossas necessidades de consumo e desenvolvimento. Os Yawanawá possuem como perspectiva máxima de produção em torno de dez toneladas de borracha anuais. O que propicia, a valor atual, uma renda familiar de cerca de 30 cruzados novos mensais, o que, convenhamos, não cobre nem os custos de produção. Desta forma, estamos utilizando de nossas roças de subsistência e do consumo de peixe, animais silvestres e domésticos, para produzir borracha para os seringalistas e industriais.

Com a exploração racional de madeira, com compromisso da comunidade Yawanawá de limitar esta exploração por um período de seis meses e com produção prevista de dois mil metros cúbico de madeira semi-beneficiada (pranchões), pretendemos diversificar nossas atividades, através do incentivo à atividade pecuária, tendo em vista já possuirmos um rebanho bovino de mais de cem cabeças, bem como levando em conta a existência de pastagens formadas pelo grupo Paranacre, ex-ocupante de parte de nossas terras. E ainda a utilização das áreas já desmatadas para utilização agrícola (capoeiras), as quais poderão ser transformadas em pequenas pastagens, intercaladas por áreas de mata virgem. Incentivamos a agricultura para uma possível comercialização nas cidades de Eirunepé e Tarauacá, com a aquisição de um motor de 18 Hp, para assentamento em uma embarcação com maior capacidade de carga, e uma caminhonete D-20, para transporte de pessoas e cargas, das margens do Rio Gregório na BR-364 até a cidade de Tarauacá, em um trecho de aproximadamente 100 km. Além de outros benefícios sociais como a aquisição de uma casa de trânsito naquela cidade, para hospedagem dos Yawanawá quando ali vão em busca de tratamento médico e outros assuntos de interesse da comunidade. A construção de um Centro de Reuniões, onde poderemos fortalecer nosso espírito comunitário e promovermos a valorização de nossa cultura, através da prática de nossos rituais e festas, abrindo um espaço para a conservação de nossa memória cultural, através de meios audiovisuais, oficinas de costura, carpintaria, etc. Pois acredito que o que mantém uma cultura não é a miséria de seu povo, que é levado a se envergonhar de seus hábitos e tradições. As novas gerações não admitem a volta ao passado, respeitamos nossa cultura, mas não aceitamos a miséria como opção de vida.

Tomemos como exemplo os índios Kaiapós do Sul do Pará, tidos na atualidade como modelo de índio que mantém sua cultura e cultua seus valores tradicionais, defendendo com garra seus espaços territoriais. Os Kaiapós exploram madeira de lei em suas terras, firmando contratos milionários com grandes grupos empresariais, recebem rendas de vários garimpos de ouro, possuem aviões, carros, embarcações, máquinas agrícolas, imóveis urbanos, sistemas de tratamento de água e esgotos, casas de alvenaria, etc. Sendo um povo forte, independente e com um grande respeito por suas tradições.

Acreditando que a polêmica gerada com o Projeto Yawanawá está ocasionando divisões dentro do Movimento Indígena, devido principalmente a influências externas, bem como que o momento não é para ficarmos jogando pedras uns nos outros, e o Terri sabe que eu tenho boas e certeiras pedras guardadas, porém nunca tive intenção de usá-las, por acreditar que este não é o caminho para o fortalecimento do Movimento Indígena. Bem como, reconhecendo o lado positivo de seu trabalho, na defesa intransigente dos direitos dos índios. Decidi propor ao meu povo a paralisação do Projeto, com a aplicação dos recursos gerados, através de uma ampla participação da Comunidade Indígena. Sendo que, em contrapartida, o Movimento Indígena através de suas lideranças e da UNI, entidades oficiais e civis de apoio ao índio, Governo do Estado e todos os interessados, promovam amplos debates no sentido de encontrarmos alternativas econômicas viáveis para os grupos indígenas, para que possamos nos libertar da escravidão da borracha, através de uma diversificação das atividades produtivas que possam retirar os grupos indígenas do Acre e Sul do Amazonas da miséria, da estagnação social e da autodestruição cultural, pois não podemos continuar a receber minguados financiamentos para a extração da borracha. Necessitamos, sim, financiamentos e apoio para desenvolvermos a agricultura e a pecuária, meios de transporte e comercialização compatíveis com o desenvolvimento que almejamos e necessitamos. Mas que estas ações não se restrinjam a debates, seminários e conferências e, sim, em propostas reais e viáveis que possam ser implantadas a curto e médio prazos, pois não podemos continuar a viver na miséria, perdendo nossas crianças à custa de uma preservação ecológica e ambiental que veda os desejos de melhoria do nosso nível de vida, através da utilização racional de recursos naturais renováveis existentes em nossas áreas.

Desde já, coloco-me a disposição para que possamos discutir a viabilidade de minha proposta, visando alternativas para a promoção econômica, social e cultural necessária e requerida para o desenvolvimento do meu povo.

BRIGA DE ÍNDIO OU FOFOCA DE BRANCO?

Entrevista para Txai Terri Aquino, *Papo de Índio*,
A Gazeta, Rio Branco, em 9 de julho de 1991

E aí, Biraci Brasil, o que você tem a nos dizer sobre esta última Assembleia Indígena do Acre e do Sul do Amazonas, que se realizou entre os dias 11 e 15 de abril de 1991 aqui em Rio Branco? Parece que foi uma assembleia muito polêmica e fechada até mesmo para a participação dos índios...

Olha, Txai, vieram para esta assembleia quase todas as lideranças indígenas de nossa região. Mas eu me senti muito discriminado pelos companheiros que estavam coordenando as discussões, porque não tive voz e nenhuma vez fui convidado para falar para os meus parentes.

Eu achei que nesta assembleia as lideranças não ficaram bem esclarecidas. No meu entender, o costume das nossas assembleias é para a gente buscar uma solução para os grandes problemas das comunidades indígenas. Isso não houve.

Na verdade, não foi tirado nenhum documento sério sobre a situação de nossas comunidades. A assembleia foi feita para aprovar os estatutos da UNI e reeleger os seus antigos coordenadores. Foi uma assembleia meramente política.

Mesmo participando como um simples índio, eu pude ver que esta assembleia foi financiada pelos missionários luteranos, com recursos da entidade Pão para o Mundo, da Alemanha, e claramente manipulada pelo CIMI.

Eu acho que as próprias lideranças não entenderam muito bem o que estava acontecendo. Eu sei que eu resumo esta assembleia como o começo de uma divisão entre as lideranças mais expressivas do movimento indígena, tanto a nível do Acre e Sul do Amazonas como a nível nacional.

As nossas lideranças quase não tiveram tempo suficiente para expor os problemas de suas comunidades. Algumas lideranças se sentiram humilhadas, como foi o meu caso e o do Mário Cordeiro de Lima, chefe Poyanawa do Barão e representante das comunidades indígenas do Vale do Juruá.

Então, Txai, isto é muito ruim para a gente, uma vez que esta assembleia era do interesse das comunidades indígenas do Acre e Sul do Amazonas. Mas, o que aconteceu realmente foi que ficamos ouvindo as conversas de pessoas que vieram de fora. Foi uma assembleia em que se falou mal de todo mundo. Falaram mal de teus Papos de Índio, falaram mal de todas as entidades que estão trabalhando há muito tempo com a gente. Só não falaram mal do CIMI, mas de mim, do Macêdo, do Mário Poyanawa, do pessoal da direção do Conselho Nacional dos Seringueiros e da Aliança dos Povos da Floresta disseram muitas fofocas. Foi uma assembleia mais divisionista e politiqueira do que voltada para discutir a demarcação e nossas terras, garantir a continuidade de nossas cooperativas, que foram criadas ao longo dos últimos dez anos, para garantir programas de educação bilíngue e de saúde para as nossas comunidades.

Para mim, esse papo de reunião fechada é só para esconder

algum tipo de manipulação por parte de algumas entidades. Parece coisa de padre...

Eu acho, Txai, que esta assembleia só foi fechada em termos, porque os documentos não foram escritos pelas lideranças indígenas. Eu acompanhei do começo ao fim essa assembleia e vi que as lideranças continuaram sempre sentadas no auditório e os documentos já estavam prontos. Eu tenho certeza que não tinha nenhuma liderança lá atrás escrevendo qualquer tipo de documento. Pessoas da OPAN, ligadas ao CIMI, claramente ajudaram na elaboração destes documentos.

A UNI do Acre tem dois assessores que não são índios. Uma é a Denise, que é uma missionária leiga da OPAN, e o outro é o Jorge Boliviano, que já tinha trabalhado e se afastado do Conselho Nacional dos Seringueiros.

Isso mostra uma situação muito difícil para nós, principalmente no momento em que nós queremos fortalecer o movimento indígena. A grande influência destes assessores brancos acabou mostrando para as nossas comunidades indígenas que nós não somos suficientemente fortes para direcionar o nosso próprio movimento. É válido que a gente tenha aliados, pessoas brancas que nos orientem, mas que não fiquem diretamente dentro de nossa entidade. Isso fica muito difícil para a nossa própria entidade.

Bira, uma das resoluções da última assembleia diz que as lideranças indígenas não concordam com a forma como está sendo encaminhada a Aliança dos Povos da Floresta. O que você acha disso?

Essa é uma questão que me deixa muito preocupado. A Aliança dos Povos da Floresta é hoje muito importante tanto para os índios quanto para os seringueiros da Amazônia.

Eu entendo muito bem que no passado, no início do século, índios e seringueiros brigaram muito. Mas sei também que foram os patrões seringalistas e depois os fazendeiros que jogavam os seringueiros contra os índios. E isso causava uma intriga muito grande, uma violência muito grande entre nós. Sei também que depois que nós ficamos escravos dos patrões, iguais aos seringueiros, mesmo assim eles discriminavam as nossas comunidades. Mas isso é coisa do passado. Depois que nós começamos a lutar por nossos direitos e a fortalecer os nossos próprios movimentos, a situação mudou muito. Hoje, que estamos praticamente no final do século, eu compreendo que os seringueiros são os maiores aliados dos povos indígenas na luta pela preservação de nossas matas, rios e seringais. Essa união dos índios e seringueiros é muito importante também pra lutarmos juntos para melhorar as condições de vida de nossas próprias comunidades.

A Aliança dos Povos da Floresta foi criada em 1989, depois do primeiro encontro de índios e seringueiros, que aconteceu em Rio Branco depois da morte do Chico Mendes. Aliás, essa Aliança era o grande sonho do nosso amigo Chico Mendes. Esse Primeiro Encontro dos Povos da Floresta foi muito bem coordenado e dirigido tanto pela UNI como pelo CNS. Esse encontro teve a participação e concordância de todas as nossas mais expressivas lideranças.

Desde então, esse movimento da Aliança vem se fortalecendo e ganhando aliados importantes. O nosso mais importante aliado, a meu ver, além dos seringueiros e as lideranças indígenas, tem sido o cantor e compositor Milton Nascimento. E isso não é apenas por causa de seu disco *Txai* e dos shows que anda fazendo tanto no Brasil como no mundo todo. O próprio Milton se considera um membro efetivo desta Aliança. O Milton Nascimento é um aliado muito importante nesta luta e só não vê quem não quer ou quem tem inveja de um aliado tão importante como ele junto de nossas comunidades da floresta.

Aqui no Acre, a Aliança dos Povos da Floresta vem se consolidando principalmente no vale do Alto Juruá, onde ela está se fortalecendo cada vez mais. Muitos projetos que estão sendo feitos pelo CNS-Regional de Cruzeiro do Sul têm beneficiado concretamente as comunidades indígenas daquele município acreano. É o caso do Projeto de Implantação da Reserva Extrativista do Alto Juruá e Desenvolvimento Comunitário das Áreas Indígenas Circunvizinhas, que está sendo financiado pelo BNDES. Este projeto está beneficiando várias associações de seringueiros e doze comunidades indígenas do Vale do Juruá. Aliás, as únicas comunidades indígenas que foram beneficiadas em toda a nossa região foram aquelas que estão mais unidas com o Conselho Nacional dos Seringueiros. A gente tem que reconhecer isso e não ficar com picuinhas e intrigas contra o Conselho, o trabalho do Macêdo, do Mauro Almeida, do Siã Kaxinawá e do seu próprio trabalho, Txai, lá na região do Juruá, especialmente nos Municípios de Cruzeiro do Sul e Tarauacá.

Esta Aliança também está se fortalecendo a nível internacional, graças à participação importante do Milton Nascimento. Hoje, a UNI e o Conselho Nacional dos Seringueiros estão fazendo reconhecer os nossos direitos junto à ONU, estão discutindo com a direção do Banco Mundial e do Banco Interamericano de Desenvolvimento os grandes projetos de construção de estradas, de construção de barragens, que podem destruir as nossas florestas e saquear as nossas áreas indígenas e as reservas extrativistas dos seringueiros, principalmente aquelas que já foram criadas e estão sendo implantadas hoje na Amazônia.

Então, Txai, hoje em dia a gente já vê um avanço muito positivo da Aliança dos Povos da Floresta. Agora eu não sei por que a assembleia fez críticas à maneira como está sendo conduzida a Aliança. Essa questão da Aliança não foi muito bem discutida durante a nossa assembleia. Ninguém explicou direito essas críticas para as nossas lideranças. Eu só tenho ouvido o CIMI falar muito mal da Aliança, que eles escrevem no *Porantim* de uma maneira muito sacana como a "a tchurma do Txai". Essa é a crítica da "tchurma da batina", e não das nossas lideranças indígenas. Essa que é a verdade.

Por falar em *Porantim*, que é um jornal oficial do CIMI, foi também divulgada uma famosa carta das lideranças indígenas do Acre contendo acusações e calúnias contra o Ailton Krenak. A carta tem trechos como "Não podemos mais permitir que o Ailton Krenak siga em frente se dizendo representante dos povos indígenas do Brasil, viajando o mundo todo e arrecadando

recursos para as comunidades, defendendo propostas para a solução de nossos problemas sem consulta às nossas organizações legítimas e às nossas comunidades". O CIMI também divulgou essa carta, com papel timbrado de sua própria entidade, para entidades não-governamentais e ambientalistas do mundo, através da rede de computadores Alternex. O Siã Kaxinawá, que estava acompanhando a excursão do Milton Nascimento nos Estados Unidos, encontrou cópias dessa carta traduzida para o inglês em um papel timbrado do CIMI lá em São Francisco, na Califórnia. E tudo isso feito justamente no momento em que o Ailton Krenak, acompanhado de comitivas dos líderes Suruí, Xavante e Kaxinawá, juntamente com os coordenadores do CNS, Júlio Barbosa, Pedro Ramos e o Macêdo, estavam discutindo os problemas dos índios e seringueiros da Amazônia na ONU, no Banco Mundial, BID, Universidades e entidades ambientalistas norte-americanas. A meu ver, essa foi uma grande desonestidade do CIMI. O problema desses missionários leigos do CIMI é que eles não acreditam em Deus, porque senão não divulgariam calúnias que jogam índios contra índios, índios contra seringueiros, tentando claramente desmoralizar o movimento indígena e a Aliança dos Povos da Floresta.

Eu acho, Txai, que o Ailton merece todo o respeito e o carinho das lideranças indígenas do Acre e de todo o Brasil. O Ailton foi o primeiro índio a dizer para todo mundo que nós temos capacidade e condições de organizar por conta própria o nosso movimento, sem interferência do governo e da igreja.

Ailton Krenak recebeu um prêmio internacional da Fundação Onassis, da Grécia. Isso é uma prova de que um índio já prestou um importante trabalho de defesa dos nossos direitos e que foi capaz de sensibilizar a opinião pública mundial. Isso é um motivo de orgulho para todos nós. Um motivo de orgulho para o povo indígena brasileiro.

Eu espero que as pessoas que estão à frente do movimento indígena de nossa região prestem bem atenção e avaliem essa campanha contra o Krenak com muito cuidado. Não podemos nos dividir agora. Não podemos permitir que o CIMI continue jogando índios contra índios, lideranças contra lideranças, porque isso só vai enfraquecer as nossas entidades indígenas e desmoralizar os povos indígenas.

Eu faço um apelo aos coordenadores da UNI-Norte, que foram recentemente eleitos, que não se deixem mais ser usados pelo CIMI nesta campanha toda contra o nosso coordenador nacional, Ailton Krenak, para que nós não fiquemos divididos entre nós mesmos e desmoralizados perante a opinião pública brasileira e internacional.

Quero dizer a todas as lideranças indígenas do Acre que o Ailton Krenak é um aliado importante dos nossos povos, em defesa de nossos direitos, em defesa de nossas terras e florestas, que estão sendo saqueadas e os nossos recursos naturais que estão sendo roubados, em defesa de nossas culturas indígenas. Então, nós precisamos nos entender e nos unir mais com o nosso coordenador nacional, porque só assim podemos fortalecer as nossas organizações indígenas. Só com a nossa união podemos alcançar nossos verdadeiros objetos, que são: vivermos livres, com as nossas terras garantidas, com projetos de saúde coerentes com nossas comunidades, respeitando as nossas culturas, com uma educação bilíngue para os nossos povos da floresta, ensinando para os nossos jovens os nossos costumes tradicionais. Só desse maneira que nós podemos participar desta sociedade como cidadãos, com direito a voz e voto e com muito respeito.

Para encerrar as minhas palavras, eu quero agradecer publicamente ao Ailton Krenak pela força e pela ajuda que ele está atualmente prestando à minha comunidade Yawanawá do Rio Gregório, que está passando por um momento muito difícil. O nosso povo pediu ajuda do CIMI, da Funai, da UNI e de outras entidades e nenhuma delas ajudou. Viajamos para Brasília, eu e o meu primo Sales, e não encontramos nenhuma ajuda concreta para os meus parentes, que estão abandonando a nossa reserva indígena por falta de condições de trabalho dentro de nossa área. A única pessoa com quem encontramos apoio efetivo para levar o meu povo de volta para a nossa aldeia foi o Ailton Krenak. Aproveito a oportunidade para agradecer publicamente ao Krenak, e é um verdadeiro aliado das comunidades indígenas do Acre. Muito obrigado, amigo, e que a vida continue iluminando o seu caminho. O nosso povo Yawanawá, que está lá longe nas cabeceiras do rio Gregório, no município de Tarauacá, sabe muito bem quem são os seus verdadeiros aliados. É nos momentos de dificuldades que a gente sabe quem são os nossos verdadeiros amigos. E você sempre será um deles. Muito obrigado, em nome do meu povo Yawanawá, Ailton Krenak.

CARTA PARA A FUNAI

À Fundação Nacional do Índio – Presidência
Aldeia Nova Esperança, setembro de 1996

Exmo. Sr. Júlio Gaiger,

O Povo Yawanawá vem através da sua organização informar como o nosso povo está passando, e ao mesmo tempo solicitar as providências sobre o assunto ora relatado, que é o problema grave que estamos tendo com a Missão Novas Tribos. É importante que o senhor saiba que em fevereiro deste ano estive em Brasília, em audiência com o ex-presidente da FUNAI, e avisei que teríamos problemas na área. Retornei e tentei resolver, mas as coisas têm piorado muito. Por isso, venho solicitar à Presidência da FUNAI a retirada da missão da área indígena do Rio Gregório, pelas razões que explico neste documento.

O povo Yawanawá pertence ao tronco linguístico Pano, descendente dos Incas. Com uma população de 420 pessoas, vive às margens do Rio Gregório, afluente do Rio Juruá, no município de Tarauacá-AC. Área de 92.589 hectares, demarcada pela FUNAI em 1984, regularizada no cartório do município.

Características: Dominamos a língua Yawanawá; A tribo toda fala português; mantemos nossos costumes tradicionais, ex.: festas, curas e uso de ervas medicinais; Estamos caminhando para nossa autonomia econômica, mantendo dois projetos de desenvolvimento na área, em relação direta com empresas que financiam as atividades de plantio de urucum e de produção de couro vegetal, sem a intermediação de qualquer organização indigenista, pois mesmo tendo aliados que nos ajudam em questões sociais, fazemos questão de manter relação direta com quem trabalhamos; Temos um projeto social para a nossa comunidade que envolve a formação de um posto de saúde com o apoio da Aveda, já em andamento, e de educação com o apoio da CPI-Acre. Pretendemos poder sustentar essa estrutura com nosso próprio dinheiro, dentro de um ou dois anos, sem pedir nem dever nada a ninguém. Contamos com aliados fortes no Brasil e no exterior mas mantemos nossa total independência. Possuímos máquinas e logo vamos ter energia solar na aldeia, contando com alta tecnologia sem perder nossa tradição.

A maioria dos Yawanawá seguem a tradição, e 10% da aldeia são protestantes. Desde que retornei ao meu povo, em 1992, assumindo meu papel de chefe da comunidade e liderando o meu povo na construção da aldeia Nova Esperança e dos trabalhos que temos desempenhado com tanto orgulho, o meu povo que se encontrava disperso pelo rio e pelas cidades do Acre retornou e estamos revivendo os tempos em que tínhamos saúde, orgulho e união com nossos antigos. Dançamos, cantamos, e praticamos nossos rituais e falamos nossa língua.

Há três décadas que os missionários protestantes vivem na nossa área. Em 1987, por decisão da comunidade, solicitamos a saída dos pastores da aldeia Yawanawá, antigo seringal Kaxinawá.

Como são duas aldeias na reserva, os missionários se instalaram na outra aldeia próxima, na mesma área, onde estão criando um grande problema. A razão principal de termos expulsado a Missão de nossa aldeia é que eles não respeitam as nossas tradições, que são garantidas pela Constituição do nosso país. Eles dizem que o nosso mariri (festas) é coisa do demõnio e que nosso cipó, bebida que usamos para curar pessoas doentes de nossa aldeia, é diabólico, e também foram contra a criação de nossa pequena cantina, que para nós é se libertar dos patrões seringalistas, que sempre nos escravizaram. Não apoiaram a demarcação da terra quando eu e outras jovens lideranças na época, nos chamando de comunistas porque queríamos defender nossos direitos. Portanto, acreditamos que eles não estão lá para nos ajudar e sim para prejudicar o nosso povo.

Eles se alojaram na aldeia dos Katukina, onde instalaram posto de saúde e escola, estudaram a língua, e hoje tem um (o pastor Geraldo) nos Estados Unidos traduzindo a Bíblia para a língua dos Katukina. Acontece que há dois anos o filho deste pastor (Ascati) se formou lá na terra dele e ficou no lugar do pai, e tem feito de tudo para forçar a entrada na nossa aldeia, porque precisa de uma aldeia dele mesmo para trabalhar. Desde então os problemas pioraram muito, com eles fazendo todo tipo de pressão para jogar os Katukina contra nós.

Acontece que os Katukina vivem na nossa área há um bom tempo porque o meu avô se casou com uma Katukina, e nós sempre tivemos boas relações. Os Katukina são nômades e muito tradicionais. Mesmo que os pastores nunca consigam converter ninguém, deixam eles ficarem lá porque precisam de remédio de malária e do avião que transporta os doentes. Nós, os Yawanawá, também precisamos, mas estamos lutando para ter nossa independência. E não queremos ficar ouvindo que só tem remédio se deixarmos pastor entrar. Quando precisamos do avião, pagamos aos pastores e pagamos caro (os mesmos R$ 650,00 que é o preço de mercado na região). Os remédios também são cobrados dos Yawanawá.

Nós ainda não chegamos aonde queremos, que é termos nossa própria sustentação. Mas temos o orgulho de dizer que na nossa área já temos microscópio, já temos gente treinada, e conseguimos apoio sem nenhuma cobrança para nosso posto de saúde funcionar durante mais um ano, quando vamos comprar medicamentos com nossa própria produção sem ter que pedir pra ninguém. Um outro fator que nos deixa curioso é que os missionários nunca prepararam índios da nossa área para dar conta do atendimento de saúde e educação, sempre substituindo gente da aldeia e alimentando a dependência. E assim entendemos que nunca vamos ter um conhecimento para cuidar do nosso próprio povo.

O senhor ficou sabendo, através de cartas que mandamos, da maior crise que tivemos na nossa história: em março deste ano culminou a crise espiritual que abalou nosso trabalho, conforme cartas que mandamos para o senhor. Nós tivemos que resistir muito, enquanto esses missionários andavam pelas cidades do Acre dizendo que estávamos endemoniados porque eu, liderança legítima dos Yawanawá, era o diabo. Em janeiro, quando retornei de uma pequena viagem, tinha um casal de missionários lá que tinha entrado à minha revelia. Como estávamos muito assustados porque nunca índio nenhum tinha visto um problema igual àquele que a gente estava enfrentando, convidamos pastores da Deus é Amor porque eles trabalham com exorcismo e conseguiam resolver o problema. A Missão Novas Tribos ficou muito revoltada que tínhamos levado outros crentes lá, mas a Deus é Amor pelo menos fez o trabalho a convite da comunidade e foi embora, sem tentar se instalar lá dentro. Como eles ficaram desmoralizados porque não conseguiam curar ninguém, eles também acusaram o pastor da Deus é Amor de ser "do demônio".

O fato é que nós, os Yawanawá, sofremos demais com isso, mas resolvemos o problema internamente. Pensamos muito, em tudo que podia estar contribuindo para o problema. Ficamos quinze dias em reunião, ouvimos cada pessoa da comunidade. Jejuamos, e resolvemos que precisamos de um tempo, sem nenhuma religião interferência na vida interna da comunidade, até que estejamos firmes no nosso caminho.

Este ano vamos ter que dar conta do prejuízo físico que tivemos: o atraso de nossos roçados e da produção de urucum. Estamos muito mais unidos ainda do que antes da crise. Sabemos o que queremos, apesar do atraso da safra do couro vegetal, do urucum e da nossa lavoura. A própria FUNAI prometeu ajudar, já que a nossa cooperativa ficou a zero, e até agora estamos aguardando esses recursos para o trabalho da aldeia ser retomado integralmente.

Enfim, estamos num momento ainda delicado, e não estamos aguentando esses missionários nos desrespeitando, maltratando, nos chamando de safados, perseguidores de missionários, pedindo pros Katukina não se misturar a nós, não nos receber na casa deles, forçando uma divisão que nunca existiu. É uma pena, Dr. Júlio, que o senhor ainda não tenha conversado com o meu povo. Em fevereiro avisei ao ex-presidente que o problema estava grave. Dia 7 de setembro tivemos uma reunião de entendimento com os Katukina e chegamos à seguinte conclusão: para continuarmos vivendo unidos íamos solicitar a retirada dos missionários da aldeia. Só que os missionários falaram que nem a FUNAI tiraria eles de lá, a não ser o cacique tradicional dos Katukina, Muikã, e o Presidente da Missão pedir para eles saírem. Acontece que o referido cacique recentemente foi embora pra morar em outra aldeia por decisão própria e a comunidade Katukina apontou o Orlando Assis Katukina como líder, que é perseguido e criticado pela própria missão.

O que tinha ficado acertado com o ex-presidente era que a FUNAI proveria apoio na áera de saúde para os Katukina com a garantia de medicamentos e transporte aéreo para substituir o avião da Asas do Socorro. Já estamos treinando um agente de saúde Katukina em Rio Branco e os próprios Yawanawá podem realizar exames de malária. Temos três microscópios na nossa aldeia e podemos doar um para os Katukina e treiná-los para re-alizar exames de malária. A Comissão Pró-Índio do Acre formou monitor de educação Katukina e apoia a escola na área, que os missionários têm atacado também, pois acham que compete com a escola-bíblia deles.

Como houve a mudança de presidente e ainda não conver-samos diretamente com o senhor, queremos a sua posição clara e queremos também esclarecer que a situação está grave e que os missionários vão ter que sair da área antes que aconteça uma tragédia com os missionários, envolvendo as duas comunidades.

Confiamos que o senhor vá apoiar os Yawanawá e os Katukina, já que tem uma longa história de trabalho como indigenista, advogado e defensor de nossa causa. Não podemos ser tratados como índios que saem por aí pedindo sem pensar num futuro autônomo e digno. Temos consciência de que somos um modelo e que ainda temos algum chão pela frente, mas que estamos dando um exemplo para outras comunidades de que é possível viver com dignidade em nossa terra, sem nos isolarmos e usando a tecnologia a nossa favor, sem perder nossas tradições e nossos costumes. É isso que está em jogo, e é por isso que quanto mais a gente se aproxima do nosso objetivo maior fica a pressão contra nós. E é por isso que temos que tomar uma atitude séria e firme. Se nem os nossos aliados têm qualquer permissão para se meterem em nossas questões internas, não vamos deixar que a Missão o faça.

Biraci Brasil Yawanawá
Coordenador da O.A.Y.E.R.G.
Organização dos Agricultores e Extrativistas Yawanawá
do Rio Gregório

A EDUCAÇÃO YAWANAWÁ

Temos escolas na aldeia. Mudou muito quando a educação saiu da responsabilidade da FUNAI e passou para o Ministério da Educação. Hoje, através da Secretaria Estadual de Educação do Acre, nós temos um programa muito importante não só para os Yawanawá como também para todos os povos indígenas do Acre. E nós temos também uma parceria com uma Instituição chamada Comissão Pró-Índio do Acre que é uma ONG que tem um trabalho muito sério de formação de professores indígenas. Há 25 anos ela vem formando professores indígenas. Hoje os Yawanawá têm oito professores formados em magistério indígena, que é o equivalente ao segundo grau e que é reconhecido pela Secretaria de Educação do Estado. Tanto é que muitos deles já estão na faculdade. Receberam o diploma desse ensino e muitos deles voltaram para a sala de aula de nossa aldeia. Hoje nós temos uma escola, uma das maiores escolas indígenas do Acre com um modelo muito bonito feito pelo governo do Acre.

O sistema de escolha dos professores é dentro da nossa tradição. O que nós estamos querendo é um ensino dentro da aldeia. Como nós vamos fazer isso é uma coisa sagrada do nosso povo. Nós não aceitamos interferência do Estado. Se eles querem apoiar, devem apoiar a continuação da história do povo Yawanawá e deixar a gente conduzir internamente. Não dêem o peixe para nós, dêem o anzol que nós sabemos pescar o peixe que nós queremos comer, o tempo, a data e a quantidade. O que nós estamos querendo é isso e isso o governo vem fazendo através de sua Secretaria. Nós temos hoje uma relação muito boa. Nós temos hoje quase trezentos alunos na sala de aula e todos são professores Yawanawá. Uns já terminaram o magistério indígena, outros estão fazendo faculdade. Aquele curso que é um programa do governo federal de todos os professores fazerem faculdade. Eles ficam um tempo em sala de aula e em outro momento estão na Universidade.

Hoje a língua que se fala mais é o português. E estamos vendo que essa geração, por causa de todo esse processo que nós estamos falando, da questão dos contatos, dos missionários, a gente se intimidou e ficou envergonhado da nossa própria língua. Porque falar nossa língua era uma coisa de segunda categoria, nós queríamos ser incluídos na sociedade. E para sermos incluídos, nós tínhamos que esquecer a nossa língua, nós tínhamos que esquecer a nossa espiritualidade. Agora, nós despertamos para a vida, nós percebemos que nós íamos ser Yawanawá, ser um povo indígena desse país, se nós cultuássemos nossa língua, cultuássemos nossa espiritualidade, se nós nos organizássemos, buscando do mundo ocidental essa tecnologia, essa ciência a favor do nosso povo, nos fortalecendo para a gente viver na nossa floresta. Nós começamos a trabalhar e a determinar algumas coisas: até a 4ª série, da alfabetização até a 4ª série não entra nenhum idioma se não for o Yawanawa, nenhuma outra língua é ensinada para essa geraçãozinha pequena, que é o ensino infantil. O português só entra depois dessa etapa, da 5ª série em diante. Até o inglês nós já levamos para lá.

A escola foi muito importante. Mas a escola é uma faca de dois gumes. Ela pode ser usada a nosso favor e a escola pode ser um desastre amanhã para nós também. Como nós vamos aprender na escola e como é que vão ensinar para nossos filhos na escola. Só que hoje nós estamos conscientes que a escola deve ser a nosso favor, a escola pode fortalecer o povo Yawanawa. E não o sistema do mundo externo. Nós não estamos preparando os nossos filhos para ser economista, para cuidar de bolsa de valor, não. Nós estamos criando nossos filhos para aprender a ler e a escrever, para se comunicar com a sociedade branca. Que a gente possa fazer uma pesquisa sobre os nossos conhecimentos sagrados, sobre plantas medicinais, que a gente possa criar um banco de dados para que daqui a 100, 200 anos os nossos filhos possam continuar inteirados no nosso mundo.

Nós escolhermos o melhor lugar para se viver, que é viver com harmonia, viver em paz, com respeito, interagindo com a natureza, a floresta, o rio, o mar, a terra, para poder caminhar em cima dela, respeitando ela, nós nos tornaremos um povo feliz. E eu acredito no nosso país, eu acredito em um amanhã. Quando eu venho lá do norte do nosso país, lá de uma aldeia e vocês me convidam para vir falar nesta Rádio, muita gente vai estar nos ouvindo, vai ouvir a gente conversar e, quando nós pudermos fazer isso em todo o lugar de nosso país, a gente vai poder se conhecer e se sentir mais irmãos, mais seguros e mais alegria para viver.

"QUANDO FALAMOS DE ESPIRITUALI-DADE, SOMOS ALIADOS DE TODOS"

Depoimento ao documentário *Híbridos, the Spirits of Brazil*, dirigido por Vincent Moon e Priscilla Telmon, na aldeia Nova Esperança, em 2017.

Eu venho de uma vida combatente neste país. Eu entendi que usar o lado da agressão e da violência não é um caminho para vencer uma guerra. Causa muita dor e muito sofrimento. Então eu comecei a trabalhar na parte da conscientização da paz, do amor e do respeito. Traduzi como nós povos indígenas pensamos, como nós vemos o mundo, e como gostaríamos de ver os homens nessa terra. Estão vendo essa floresta? Eu vivo aqui há milhares de anos, meus ancestrais viveram milhares de anos. Essa floresta ainda está aqui também. Nossa Natureza está intacta, porque respeitamos todo o meio ambiente, respeitamos todas as plantas, todos os animais e buscamos poucas coisas para comer. Isso é nosso amor, se tratamos a natureza assim, tratamos ainda melhor os outros seres humanos. Porque estou tratando de mim, estou tratando de um ser filho, estou tratando de um ser pai, um ser avô, um ser mãe.

Se vocês são tão bons, tão produtores, tão desenvolvidos, por que criaram tantas doenças? Tantas violências? Entre os homens e a natureza? Tem muitas coisas boas: desenvolveram muitas tecnologias, isso é importante para a humanidade, mas muitas coisas que vocês trouxeram são muito ruins para a humanidade, para a natureza e para a continuação do ser humano na Terra. Isso eu não admiro.

O Brasil é um país de uma energia muito forte, da própria natureza. Não precisa ser justificado ou explicado nem científica, nem politicamente: é o país que tem o maior volume de água doce do planeta, é o país que tem a maior floresta do mundo. Vivemos na floresta, na natureza, porque é um ambiente que nos inspira, que nos ensina espiritualmente. Eu não trato de religião, eu só falo de espiritualidade, porque religião é como uma associação, um instituto, com estatutos e normas, enquanto a espiritualidade é sagrada. Ela não tem maior nem menor, não tem cor, não tem raça, não tem língua, espiritualidade é sagrada, é universal. Acredito que toda essa energia é isso aqui, esse ambiente, porque aqui é o lugar de dar o exemplo para a humanidade. Sobre a possibilidade de perdoar, de pedir perdão ao Criador pelo dano, a devastação, a agressão que o homem causou à natureza em volta do planeta. O homem avançou sem olhar que tinha um outro na frente dele. O Brasil ainda tem essa chance de se retratar e dar um exemplo à humanidade, é por isso essa força espiritual se encontra aqui. E nós, quando falamos de espiritualidade, somos aliados de todos. Agora, quando se fala em religião, nós, em nossa história, nós estamos no nosso próprio canto. Quando falamos em espiritualidade, estamos em todo lugar. Estamos no candomblé, estamos no terreiro. Estamos em qualquer lugar. E é exatamente isso que nós viemos fazendo nos últimos anos.

Primeiro nós temos a certeza do nosso papel. Eu não estou procurando religião, nós temos uma espiritualidade, portanto só somamos, ninguém aqui está procurando uma religião, e nem estou querendo ensinar para ninguém. Quem somos nós para querer ensinar para outro povo uma história tão grande, da civilização humana, ao ponto de dizer "o nosso é melhor, aprenda com nós"? De jeito nenhum, não é este o nosso pensamento. Estamos abertos a compartilhar o que nós temos, com muito amor e respeito. Então, eu vejo que o Brasil, toda essa energia que acontece nesse país, que ainda tem muita água natural e muita floresta, é a possibilidade de juntos podermos dar uma resposta para visionar o futuro.

REFLEXÃO SOBRE A EXPANSÃO DA AYAHUASCA NO MUNDO

Fala proferida durante a Yubaka Hayrá – 1ª Conferência Indígena de Ayahuasca, ocorrida entre os dias 13 e 17 de dezembro de 2017, na Terra Indígena Puyanawa.

Tenho me reunido com pessoas do mundo inteiro, em vários lugares do mundo, falando sobre a nossa história. Queria parabenizar aqui o professor Maná. Sempre sábio. Sempre se coloca no momento certo, na hora certa. Nós temos pessoas ricas de conhecimento. Era bom nós estarmos atentos, a nossa família como um todo, a nova geração. Temos que ficar ligados no que está acontecendo.

A nossa escola é exatamente o nosso dia-a-dia. É com nossos pais, é com nossos avós, com nossos tios, com nossas mães. É a maior escola do mundo, com a nossa família. Quando nós nos desassociamos da família, meu avô falava assim: "Se você não aprende com sua casa, você vai ensinar pra quem? Você aprendeu de quem? Se nem na sua casa você aprendeu." Nós viemos de uma escola dessa, começando na nossa própria casa. Então, eu vi aqui, colocado pelo professor Maná, esse documentário, *Taruandé*, que eu ainda nunca tinha visto, falando de mim, inclusive eu queria comentar um pouquinho. Bem, vocês viram, eu venho dessa história. Eu já estive aqui junto, reunido com o Manuel Kaxinawá, o Maná, com o Siã... Fiquei muito emocionado de ver essa nossa geração, do movimento indígena do Acre. Teve aqui o Chico Preto, tá aqui o Sabá, mais outras pessoas que não me lembro agora. Depois vem preenchido por essa nova geração, logo em seguida, pelo Jó, pelo Luís – os Luís Nukini e Puyanawa –, e outras lideranças jovens do movimento indígena, um pouquinho depois da gente. E fluiu. O movimento indígena, nós, povos indígenas, nós somos uma história. É verdade.

A questão da ayahuasca: ela só foi expandida porque um homem branco conheceu na floresta – na nossa casa. Alguém falou, aliás, que nós a conhecemos há centenas de anos... Não são centenas de anos. Nós conhecemos desde quando existiu a primeira morte da criação do homem. Eu não preciso, com todo respeito, nenhuma escrita científica me provar quando é que começou. Porque, quanto à minha história, quanto à nossa história, o uni nasceu do nosso coração, do nuke ruá, do nosso rei, o primeiro homem que conheceu a morte. Porque a morte encontrou com ele e daí nascem as quatro medicinas humanas, que são o uni, a ayahuasca; rume, tabaco; shupá – que não está entre nós, mas nossos parentes Shipibo, no Peru, têm; e yutxi, que é a pimenta. Essas quatro medicinas nasceram nuke ruá aska na pemakî nuashe, "de cima do coração do nosso rei". Essas quatro medicinas não vieram da terra, vieram do corpo humano. A nossa conexão é tão sagrada que nenhuma ciência descreve, nenhum homem sábio. Nós viemos dessa família. Até nos dias de hoje.

Agradeço, sempre faço isso, de amor, com muito coração, às muitas lideranças não indígenas, como o próprio mestre Irineu que, viajando, como outros nordestinos na Amazônia, no nosso estado, conheceram essa medicina, trouxeram para fora e receberam uma missão espiritual, de espalhar pro mundo ocidental, pro seu povo, que são quem nós chamamos de homem branco. Eu sou uma das lideranças que sou grato, eternamente, por esse homem que expandiu a nossa medicina pra humanidade, porque se não fosse ele, nunca iria. Como existem milhares de medicinas hoje, em segredo, e que só quem vai poder abrir esse segredo, meus irmãos, é um momento como esse, como veio o reitor da Universidade, como vem coronel do Exército... No passado, nós tínhamos medo de polícia.

Quando nós vemos pessoas que vêm de outro lado do mundo, da Ásia, da África, da Europa, das Américas, virem para nossas aldeias tomar ayahuasca com nós, a gente abre nosso coração. Elas passam para nós autoestima, amor, carinho e resistência. Eu não sou contra, sou plenamente a favor dessa aliança sagrada. Mas sagrada. Sagrada, estou falando aliança sagrada. Não é de mentira e nem de roubo não. De verdade. Como nós abrimos nosso coração na nossa casa. Como os Puyanawa abrem aqui, fazem uma festa para todos nós, com tanto amor. Porque a gente dá tudo que nós temos. Tem muitas medicinas nossas ainda.

Eu estava vendo esse documentário do professor e o grande mestre do povo Huni Kuin, Agostinho, meu amigo, que eu conheci, caminhei com ele desde 1982, há 35 anos atrás eu já estava caminhado com ele. Agora tem um livro [Una Isi Kayawa - Livro da Cura]. Recentemente estive em São Paulo, numa exposição na Fundação Itaú Cultural, na avenida Paulista. Meu amigo, eu vi o lá. Espero que a família Huni Kuin aproveite bem, com dignidade, por aquele que não pode aproveitar.

Eu sou um homem que fiquei, como meus irmãos, no movimento por muito tempo. Mas em 1992, eu decidi voltar pra minha casa. E nós Yawanawá, falamos assim entre nós: "Você vai envelhecer de quê? Você vai envelhecer um homem mentiroso? Você vai envelhecer um homem rebelde? O que é que você vai ser? Ou você vai ser um conhecedor de plantas, um curandeiro, um sábio? O que é que você vai levar pra sua eternidade, pra ficar pros seus netos e seus filhos?" Um dos meus sonhos... Alguém por quem tenho muito carinho, a quem passei a admirar, foi o Terri, que foi o primeiro homem indigenista, antropólogo, que eu conheci, quando tinha 14 anos de idade, fugindo da Polícia Federal, perseguido pela Funai, que estava no Jordão. Ele foi lá pra minha aldeia. Nós não conhecíamos esse povo, eu era pequeno e ele falou pra mim que era antropólogo. Eu cresci com aquilo na minha cabeça, eu queria ser um antropólogo. Fui pra cidade. Mas me juntei com outros meus irmãos, eu vi que não era esse o meu caminho. Eu me entreguei ao movimento indígena. Voltei pra casa, em 92, e decidi construir de volta a minha casa, abrir os caminhos da minha família. Voltar onde estão meus pais. Voltar onde estão meus avós. Quais são os caminhos para chegar onde estão os meus avós? Meus pais e minhas mães que me geraram, que não estão mais entre eu e minha família, são nossos caminhos espirituais, são nossa cultura, são nossa língua.

Portanto, pedi permissão aos protestantes e à todos aqueles que foram contra a nossa história que me deixem passar, vou-me embora pra casa. Me dêem essa liberdade de voltar. Voltar ao meu ser. Voltar ao meu mundo. Se vocês forem pacientes de entender e ouvir, para poderem contribuir, ainda, por sermos minoria em número... E contudo somos donos de uma civilização e de um conhecimento do tamanho dessa floresta. Olha o tamanho da Amazônia. Olha o tamanho do verde que está por cima desta terra. Pois nós somos conhecedores delas. Esses homens aqui, que o Congresso não respeita, que nenhuma autoridade do mundo respeita. E no entanto querem vir usar ayahuasca, rapé, sananga, todo tipo de medicina, patenteando, estudando. E nós, que somos os donos? Que nasceu de nós e que vivemos até hoje no meio delas? Como falou muito sabiamente o nosso pajé Agostinho... Aqui nós estamos em paz, num lugar muito bom porque nós estamos arrodeados de floresta. Os pássaros estão cantando ali, eles acompanham nós. Essa noite eu estava na força da ayahuasca, eu estava escutando os pássaros cantando de noite. É assim que nós vivemos. Se fosse num prédio, nós estávamos ferrados. Os espíritos não estão mais lá. As florestas são vivas. O meu tio falou assim pra mim, as últimas palavras dele – está ali a filha dele –, o tio Raimundo, uma das maiores lideranças do povo Yawanawá depois do contato: "Meu filho, Deus é as plantas. Deus é o ar. Deus é nossa fala. Deus é a natureza. Deus é tudo, meu filho, Deus não é pessoa, Deus não está parado em canto nenhum, Deus é o vento, Deus é o universo, meu filho. Segue esse Deus, da liberdade."

Eu queria falar, assim, compartilhar um pouco da nossa conversa. Você, Francisco, me orientou que eu falasse mais sobre a experiência e o intercâmbio de divulgação das medicinas indígenas dentro e fora do Brasil. Ontem, eu estava sentado ali atrás e eu comecei a notar que temos vários representantes indígenas, principalmente da Amazônia e do estado do Acre. Aqui cruza e costura um mundo. Mas ontem, sentado ali, comecei a observar esses últimos anos, esses últimos 10 anos – eu queria, por sinal, chamar o Ninawá, Pai da Mata, vem pra cá por favor... Eu estava vendo esses jovens, conheci eles pequenos. É um dos que tem mais caminhado pelo planeta, pela Índia, pela Ásia, pela África, pela Europa. Benki, muito jovem, nessa família Ashaninka, tem cruzado esse planeta. Nós não estamos fazendo política de um movimento só, nós estamos falando da nossa identidade. Eu também segui esse caminho. Eu sou uma dessas lideranças, vocês viram meu trabalho aqui. Não preciso comentar pra ninguém quem eu sou. Mas eu sou um dos mentores, começando, de voltar à casa. Limpando meu terreiro, tirando protestante, tirando seringalistas. Eu vim do bangue-bangue. Estou vivo aqui, ajudei, subi. Em 1983, eu e o Siã, nós visitamos o Puyanawa, que está ali, e dissemos: "Estamos juntos na luta pela demarcação da terra de vocês." Nós, jovens, chegamos às dez horas da noite e ele estava aqui para nos receber, nos disse que era pertinho, deixou a gente lá na cidade... Viemos à pé até aqui. Já estávamos nessa luta. Estive em todo lugar. Mas, agora, eu resolvi cruzar outro caminho.

Recentemente, eu visitei 12 países na Europa. Meu filho acabou de chegar, costurou todos os Estados Unidos, chegou essa noite. Chamei para dividir com ele minhas palavras. Fizemos parceria com os monges budistas do mundo inteiro, principalmente da Ásia. Visitamos vários países da Ásia e agora vamos à

Índia. Uma coisa eu tenho visto, estou muito feliz com a expansão da nossa medicina. Mas, se tem uma coisa que precisamos, é dar ordem à nossa casa. Eu encontrei nesse caminho, aqui no Brasil e no mundo, nossas medicinas, elas não estão sendo tratadas como seus donos tratam, como eu trato. Quando eu vejo um pé de muka, que é nossa planta sagrada, de onde nós formamos nossos pajés, nós Yawanawá – igual a quem é católico quando se benze, vai à igreja, pede cura, nós também fazemos isso, quando tomamos nosso rapé. Nos reconectamos com nosso ruá, com nosso rei, o dono que deu o corpo pra fazer essa medicina, com tanto respeito. Está virando comércio, inclusive, entre nós povos indígenas. Eu não sei como chegar, Benki, Ninawá, mas nós precisamos dar uma direção ao que é mais sagrado. Falaram aqui nossos parentes. Não sei se foi no vídeo que eu vi, que as nossas medicinas começaram a se vergonhar. Nós Yawanawá falamos assim: "Quando você começa a mentir, falar de cura, falar de cantoria pra rezar, puxar nossa espiritualidade, se não diz a verdade, nós falamos vaná ihuhu, que são nossos seres de luz, eles fogem do nosso corpo e da nossa presença, e deixam nós na mão." Suas curas não valem, suas palavras não têm força. Será que as pessoas que estão falando da nossa medicina sabem disso? E pode vir uma reação contrária sobre você, sobre o seu comportamento, por isso a nossa fidelidade, o nosso amor verdadeiro à nossa medicina é como se fosse uma mãe tratando cuidando de seu filho, no colo, amamentando, é assim o nosso comportamento, muito mais com nossas medicinas – e que, hoje, está se tornando comércio, não só aqui.

Muitas pessoas levando medicinas, vão na aldeia, compram. Eu vi muita coisa, Francisco. Eu vi pessoas vindo aqui comprar uma paleta de kapû por R$ 50, R$ 100, pra fazer € 2.000, € 3.000. E nossos próprios parentes entregam aqui. Compram 1 kg de rapé por uma mixaria e vão multiplicando, e ainda vão dar curso pras pessoas de fora aprenderem. Que vergonha, que pobreza! Nós somos donos dessa verdade, por que isso? Então esse momento proporciona uma reflexão, para sentarmos e fazermos um entendimento. Eu jamais imaginei... Nessa viagem quando fui à Europa, eu me surpreendi com a presença do nosso povo indígena no mundo. E a maioria é do Acre, 90% é do Acre, inclusive Yawanawá. Eu vi alguém aprendendo um canto nosso e era outra melodia, que eu não sabia, e aí alguém veio lá cantar pra mim, porque havia aprendido a cantar em Yawanawá. Eu falei comigo, é triste isso.

Nós precisamos, primeiro, reconectar nossa casa, nossa família, depois nossas alianças entre nós povos indígenas, e depois com nossos aliados. É importante essa parceria, eu defendo essa parceria, seja nacional ou internacional, mas de uma maneira responsável, respeitando a diferença de cada um. Assim nós podemos caminhar direito, agora, se alguém quer passar na frente... Vocês, os cientistas, podem contribuir muito com a gente, com muitas outras coisas técnico-científicas, agora, sobre espiritualidade, sobre essas medicinas, perguntem aos donos. Somos nós, e a gente está pronto.

As pessoas fazem uso dessa medicina, de uma maneira que não é da nossa tradição, usando nosso nome, nossa imagem. Eu já venho discutindo isso na nossa aldeia. Inclusive, esse encontro me decreta, me intima definitivamente para nós termos um entendimento dentro do nosso povo Yawanawá, porque apesar de sermos um povo pequeno, comparado com o povo Huni Kuin, nós somos um povo que temos expandido muito pelo mundo, que ultimamente tem crescido muito. Nós estamos criando um regimento interno, quem sai da nossa aldeia, quem produz nossa medicina e quem vai acompanhado com quem. Tem que ter uma ordem dos nossos maestros, dos nossos chefes da casa, dos guardiões principais da nossa história. Essa é uma das coisas em que nós já estamos trabalhando. Falando ao nível mais geral – eu vi até na anotação aqui do Benki –, queiramos ou não, nós precisamos nos instrumentalizar. Nós podemos dizer que nós temos que ser do nosso jeito, mas, infelizmente, nós vivemos num mundo em que não é só do nosso jeito. Então, nós temos que ver qual é o melhor mecanismo em que possamos estar legalmente reconhecidos e respeitados, participando de uma coisa que diz respeito ao nosso povo, à nossa cultura e à nossa espiritualidade. Começar a pensar a partir dessa Conferência em um mecanismo, um instrumento legal dos povos indígenas, pelo menos dessa região. Quero lembrar aqui, né, Sabá? Nós fomos os cabeças de chave, ou o carro-chefe, do movimento indígena brasileiro. Dirigimos a COIAB, hoje organizamos a articulação nacional, somos representantes do Acre. Nós temos ajudado a política nacional brasileira, nós, desse pequeno estado da Amazônia. Então eu digo que devemos pensar em algo maior, né, Ninawá? Criar um instrumento legal, a partir do qual possamos discutir com o Estado brasileiro, com as instituições, que a gente possa realmente transitar livremente, que o nosso jovem, que sai da nossa casa, possa ser acolhido em qualquer lugar do mundo, com respeito. Mas, igualmente, aqueles que também precisam se fortalecer, também consigam voltar para sua casa, para seus avós e seus pais, seus tios e mais velhos e se aperfeiçoarem, para poderem divulgar melhor para o mundo ocidental que, por sinal, tem nos acolhido muito bem.

Repito, vou falar de novo, eu não sou contra a nossa aliança, eu sou uma das lideranças que propagam a paz, a aliança mundial entre os homens, e que a nossa medicina é o veículo mais puro do homem, para essa aliança, com dignidade. Agora, precisamos trabalhá-la com respeito, tanto nós indígenas, quanto não indígenas, é isso que está criando vulnerabilidade e até um certo ponto desvalorizando o que é o mais importante na civilização de muitos povos, nós, indígenas. É dessa história que queria falar.

Foi muito bom também o Yube ter falado, realmente, nossa casa tem virado tipo "casa de mãe Joana". Qualquer pessoa que entra na nossa aldeia, encontra um jovem cantor e vai embora com ele. Nós precisamos, professor Maná, acertar com nossos filhos essa responsabilidade. Essa responsabilidade não é de fora não, é da nossa casa. Não ficar criticando ninguém, nós somos responsáveis por isso. Por que quem que ensinou? Foi o seu avô, foi o seu primo, foi o seu tio. E tem alguns que realmente são rebeldes, e que às vezes não moram na cidade, e saem usando, escutam na cerimônia, aprendem e vão embora. A ideia é deixar claro. Fazer, também, uma conversa com nossos centros. Nós temos recebido com tanto carinho, Valdemir, muitos dos nossos amigos, que vêm aprender a fazer rapé conosco, que vêm aprender a fazer uni conosco, que vem aprender a aplicar kapû conosco. Eu estou falando da minha casa, não estou falando de ninguém não. E essas pessoas, a gente as recebe com tanto amor, com tanto carinho, com tanta preciosidade – e chegam em outro lugar, já se tornam "mestre". Temos um centro, já está lá e ele já está lá, ensinando nossa língua, nossa história. Eu tenho visto nas redes sociais, pessoas usando rapé, usando tsunu... Eu não conheço outro povo indígena que usa tsunu. É a única mistura que nós temos, que não a confecção do tabaco. Aí o pessoal tá dizendo: "E o tsunu?" Aí eu respondi embaixo: "Vou lhe ajudar. Nós falamos tsunu..." Então, vem em casa e diga, levei tsunu de seu fulano, seu ciclano, outro. Realmente, como falaram Ninawá e Sabá, a medicina é um conjunto de muitas coisas. Mas como tem mais a ayahuasca, estamos falando da ayahuasca. Mas nós precisamos ter todos esses cuidados. Nós precisamos definir a nossa parceria com as religiões, as doutrinas, as igrejas de ayahuasca, de uma maneira digna e responsável.

Eu acredito que fui uma das primeiras lideranças indígenas a sair da minha aldeia e visitar as igrejas do Santo Daime no Brasil. Em 2003, fui com o padre Davi e visitamos todas as igrejas, em São Paulo, Rio de Janeiro, Belo Horizonte, Brasília. Nunca tinha entrado para fazer esse trabalho tradicional e eu comecei a fazer isso. E a gente vai com tanto carinho. Eu espero que daqui a gente tire um documento que pudesse nos alinhar nessa parceria, com respeito. Eu tenho visto, realmente, alguns dos nossos irmãos –

nem todos, mas alguns, resistentes – dizendo que a doutrina é outra coisa, que isso é da ayahuasca, é para a gente do mundo em que toda a vida foi nossa. É igual alguém que pega teu vasinho, e diz: "Eu achei, isso é meu". Diz: "Eu sou dono, eu que fiz." Eu falei: "Não, eu tenho agora." Assim, apropriam-se dos nossos conhecimentos. Essa nossa reunião aqui, Francisco, pode nortear essa parceria que nós temos, com as pessoas ligadas nessa área, que possam nos orientar, para que a gente possa tirar um encaminhamento mais favorável para nós, que seja compreendido pelos nossos parceiros e pelas autoridades brasileiras.

Eu, sinceramente, fiquei decepcionado e triste quando, esse ano, fui ao Rio de Janeiro tirar um passaporte para ir para os Estados Unidos, com a minha família e, quando cheguei no aeroporto de Rio Branco, eu levava uma garrafa de uni, para comungar com alguns amigos. Alguém me tirou do avião, me trouxe para eu falar disso, porque era proibido. Falei: "Como é proibido?" "Tem que ter autorização." "De quem?" Eu falei: "Eu tenho que ter autorização da natureza, do Criador". Aí me falaram que precisava de uma autorização de não sei mais de quem, de não sei qual instituição... Que coisa feia. Assim como os conhecimentos tradicionais e milenares, os cristãos botam as suas bíblias em todos os lugares do mundo – e nos melhores lugares, dentro do avião, nos hotéis, nas igrejas, e todo mundo se ajoelha. Os muçulmanos andam com seus alcorões, o alcorão. É respeitado no mundo inteiro, todas as religiões. E a nossa? Principalmente, aos meus amigos aqui das instituições do Brasil que estão aqui, quero dizer, essa é uma religião do Brasil. E são do nosso povo, é da Amazônia. Nós precisamos nos conscientizar para isso, pra gente poder ter um norte.

O nosso país é um país de alternativas, o nosso país é um exemplo para a humanidade. E nós pensamos em si, nós pensamos em instituições, nós pensamos em nosso ego – nós não pensamos em oferecer à humanidade um novo conceito humano de valores. É disso que nós estamos falando. É por isso que nós viemos aqui, como povos indígenas, compartilhar com vocês. Nós temos muitas coisas para compartilhar, a partir do momento em que vocês também abram o coração de vocês para nos ouvir.

COSMO-VISÕES

A ESPIRITUALIDADE YAWANAWÁ

Entrevista por Ronald Engert para a revista *Tattva Viveka – Zeitschrift für Wissenschaft, Philosophie und spirituelle Kultur*, em 22 de junho de 2018.

Hoje nós temos o grande prazer de entrevistar aqui o cacique Biraci Nixiwaka Yawanawá. Ele está vindo diretamente da floresta amazônica para Berlim. É um grande prazer, uma honra para nós termos essa conexão cultural. Uma honra ter a presença de uma liderança espiritual de um povo indígena aqui na Alemanha. Minha primeira pergunta é sobre a aldeia: Qual é o significado e qual a sua conexão com esse espaço? O que significa esse espaço – a sua casa, a sua aldeia, a sua floresta – para a sua espiritualidade?

Acho que o txana falou ontem de uma maneira muito sábia quando falou: "A floresta é a nossa casa." A floresta é a nossa casa. Nós temos um lugar onde nós nos reunimos e ficamos durante o nosso tempo, com nossa família. Esse lugar é a nossa aldeia ou a nossa maloca. Porque o nosso hospital é toda a floresta, a natureza. A nossa escola é toda aquela floresta e tudo que habita nela. Essa é a nossa escola. O nosso supermercado é também a nossa floresta, nossos rios, nossos lagos, é todo nosso meio ambiente. Então pergunto pra mim mesmo: "O que é que eu significo para este lugar?" E não o que esse lugar significa para mim. É o contrário. Eu sou muito feliz de poder ter o privilégio de viver na natureza. Minha gratidão é apenas servi-la. É isso que eu e todo o meu povo faz. Meu lugar, o lugar onde vivo é muito sagrado. É o jardim do Criador. Eu sou um zelador desse lugar. Isso é o que ele significa para mim.

Você hoje é um indígena desse lugar, mas que também é muito conectado com o mundo. Um ocidental que fosse lá, para estudar as plantas, ele iria coletá-las e fazer testes, para conhecer suas propriedades. Eu acredito que você tem uma perspectiva diferente, como você aprende com as plantas?

Eu acredito que você me fez três perguntas. Começando, realmente, desde muito jovem, não por livre e espontânea vontade, mas por uma necessidade de sobrevivência, tive que sair muito cedo da minha aldeia, em busca dos nossos direitos. Então tive que ir para a cidade grande, para conhecer os direitos e as leis do Brasil. E, dentro das leis do país, conhecer os nossos direitos. Daí, pudemos descobrir que era garantido a nós, povos indígenas brasileiros, pela Constituição do país, o direito à terra e ao usufruto exclusivo desse território. Inclusive o direito também de mantermos a nossa cultura, a nossa língua e a nossa espiritualidade, o que havia sido negado pelos primeiros colonizadores que chegaram a nossas aldeias. Por isso que tive que sair para, hoje, me comunicar com o mundo externo.

Bom, à outra parte da sua pergunta. Há um pouco menos de 150 anos atrás, nós não conhecíamos essa civilização do homem ocidental. Nós viemos de uma civilização autônoma, independente. Todo o nosso conhecimento é um conhecimento de um povo de florestas. Nossos ensinamentos são orais, não há escrita, nossos ensinamentos são passados hereditariamente, por nossos avós e bisavós. Essa nossa escola é uma escola eterna, porque ensina o nosso coração. Nós não aprendemos decorando ou lendo. Nós decoramos com silêncio, com meditação, com nossas dietas sagradas. Então esses conhecimentos nunca podem ser tirados de nós, não podem ser esquecidos. Nós viemos aprendendo com nossos avós, nossos bisavós, as plantas medicinais, os vários tipos de planta, para o tratamento inclusive de muitos tipos de doença. Nós também aprendemos com os animais. Quando nós fazemos nossos retiros espirituais, quando nós fazemos nossas meditações, nossas dietas, nós sonhamos com as plantas, com os espíritos das plantas. Então, quando nós acordamos, nós vamos para o meio da floresta, procurar essa planta e, encontrando essa planta, fazemos um teste para ver se é aquela planta que nós vimos no nosso sonho. São conhecimentos mágicos. É fantástico como nossos ensinamentos são passados. É espiritual. Esses são os nossos ensinamentos.

Hoje, eu não penso só no Yawanawá, eu penso em todo mundo, em toda humanidade. Hoje, eu tenho, acredito, que uma das maiores plantas medicinais contínuas na floresta amazônica brasileira. Hoje, temos mais de 2.700 plantas medicinais diferenciadas e catalogadas em Yawanawá. Nós temos plantas para curar muitos tipos de doença e até plantas afrodisíacas, plantas para coisas que você nem imagina que nós conhecemos, e que nós temos ainda hoje, nesse século XXI. Plantas que a ciência ocidental ainda não alcançou, o nosso povo tem. Como nós fomos excluídos socialmente, no começo do nosso contato, também não revelamos nosso conhecimento para ninguém, nós preferimos ser extintos com nosso saber. Nos dias de hoje, com a aliança que nós estamos construindo, abro meu coração às muitas lideranças espirituais indígenas do mundo, para gente agora compartilhar, com dignidade, do nossos saberes que ainda são segredos. Isso responde um pouco das suas perguntas.

Sua resposta foi mesmo muito boa. Para mim, é muito importante essa parte sobre sonhar com as plantas. É uma abordagem diferente em relação ao conhecimento. É um conhecimento instantâneo.

Sim, ela tem todo um processo, ela não é simples. Quando nós entramos nessa formação, nós não comemos carne, não comemos doce, não fazemos sexo, não bebemos água, não compartilhamos comida com ninguém, é uma série de protocolos a cumprir. Com esse comportamento, isso nos possibilita a conexão com o espírito das plantas. Ela é muito simples. Mas é muito sensível, delicada, espiritual. É assim que fazemos nosso estudo.

O que é espiritualidade para você?

Espiritualidade, na minha compreensão, é toda a natureza e meio ambiente. São as plantas, os animais, os pássaros, os peixes, as estrelas, a lua, o sol, o vento, o dia, a noite, toda a criação do nosso divino ser Criador. Isso tudo é espiritual. Espiritualidade não é um só caminho. Não há um começo, meio e fim. Não tem palavras. Eu não tenho condição nenhuma de traduzir o que é espiritual. Eu sou tão pequeno para traduzir o que é o mundo espiritual. Eu tento comentar um pouco o que é. É um universo... Mas é o caminho de todos nós. Espiritualidade está em nosso olhar. Está no nosso comer, em nosso andar, em nosso dia-a-dia. É só pararmos para ver em que mundo a gente vive. Isso é um pouco do que compreendo por espiritualidade.

Então é toda a natureza e o universo, e você também menciona o Criador ou o Ser Divino. Qual é a sua compreensão do Criador ou Deus?

Nós falamos Nuke Sheni. Sheni é mais antigo do que a humanidade. É mais antigo que as plantas. Nuke Sheni não pode ser explicado, porque nós falamos que ele criou a terra, toda uma natureza. Então, nós, no nosso mundo espiritual, nós falamos Nuke Sheni, Nuke Shuvimá, "Nosso Criador nos criou". E ele vem criando toda a sua criação, sua invenção. Nós somos um em meio a essa criação, desse ser Criador divino. Quando eu falo a palavra divino, eu gostaria de encontrar uma palavra mais especial possível para esse ser Criador. Não existe nenhuma palavra que o homem pode alcançar para definir esse ser Criador. Então nós nos apegamos àquilo que está ao nosso alcance. Então, por isso, eu falo ser Criador, ser divino. Porque, se nós imaginamos tudo que existe na humanidade, no universo, é uma sabedoria extraordinária. Cada ser da criação tem um dom e uma sabedoria. Só uma espécie, por exemplo, o ser humano, o que essas pessoas já fizeram no planeta Terra? Muita, muita coisa. E assim os outros seres, entre milhares, milhões de seres. Então, é muito grande esse saber, desse ser Criador. Nós, indígenas, principalmente nós Yawanawá, nós temos procurado sempre caminhar nesse caminho do nosso ser divino. Eu quero dizer para o nosso Criador que a sua semelhança tem a honra dos seus seres semelhantes, que somos nós. Isso é um pouco da nossa compreensão sobre o Criador e o divino.

As medicinas têm aberto portas, revelando outra compreensão da realidade, nos dando, por exemplo, uma visão da unidade. Como podemos manter essa consciência da unidade, é possível ou não?

Sim. Nós vivemos isso. Começamos desde a nossa a morada. Em nossa civilização, desde o princípio, vivemos em uma casa, que chamamos oca. Nessa casa mora todo mundo. Lá moram desde o grande líder espiritual, o xamã, lá mora o nosso líder hereditário, o chefe do povo, e todas as famílias. Lá todo mundo escuta quando a mulher tem um bebê. Nessa casa ninguém pode comer só. Nessa casa ninguém pode ficar doente sozinho. É uma responsabilidade coletiva da nação, não é da família apenas. Nesse ambiente ninguém pode bater em sua mulher, em sua esposa, ou em seu filho, ninguém pode usar da sua violência. Ali nós não temos um ancião desamparado. Ninguém passa fome nesse lugar. Nesse lugar todas as pessoas ouvem o grande xamã falando. Nesse lugar todas as pessoas ouvem o grande líder do povo falando, desde quando nascemos. É uma sociedade completamente diferente. Não tem uma parede, não nenhuma divisão. Nosso olhar pode olhar para como se fosse um país inteiro. É como estar olhando para casa do presidente e para o trabalhador mais simples da nação. É uma sociedade completamente diferente. Ninguém pode roubar nada de ninguém, não tem onde esconder. Nós viemos dessa civilização, dessa cultura. Se existe social, é o mundo que vivemos de verdade. Não é sigla de um partido ou de uma religião ou de uma crença, não é nada disso, é muito maior que isso. É viver em harmonia com nosso povo em geral, com nossa família, com a natureza, com todo o nosso ecossistema. Esta é a nossa história. Então, essa pergunta, se é possível viver em harmonia, eu compreendo você, eu te dou toda razão, mas no nosso mundo isso não existe. Não existe esse vocabulário. É um outro conceito, outra sociedade.

E como você percebe essa nossa sociedade ocidental? Como você percebe quais são suas características, o bom e o mau?

Olha, tem muitas coisas de inovação, coisas muito importantes para a sobrevivência da humanidade. Mas também tem o seu lado negativo. O homem usou do conhecimento dado pelo Criador para o seu próprio ego, para sua própria promoção, para seus interesses de grupo, famílias ou países e isso trouxe uma declinação dessa civilização. A competição de produção, de comercialização no mercado internacional empobreceu o conhecimento humano. E botou em risco o futuro da humanidade. A competição agrícola começou a destruir as florestas e foi matando muitos saberes. Foram queimando muitas universidades da criação, foram destruindo muitas escolas do criador, foram acabando com as nossas medicinas e isso ficou muito ruim. Nós não enxergamos o que está ali. Isso, para mim, é o grande pecado do homem ocidental. É um pecado que temos que repensar, para que essas novas e futuras gerações possam pedir perdão ao Criador, com a nossa própria ação, com as nossas atitudes, numa revisão do conceito humano, para que nós possamos garantir a existência da humanidade. Não é o Criador que está destruindo, somos nós mesmos. Foi um prazer falar um pouco com você sobre a história do meu povo, do meu mundo Yawanawá, da nossa cosmovisão com o universo.

UMA NOVA ERA. A ERA DO AMOR. ESPIRITUALIDADE E LUTA POR LIBERDADE DO POVO YAWANAWÁ

Depoimentos para Felipe Milanez

1
O povo do outro lado do mundo

A própria palavra move. Vai para onde você achar que ela deve ir.

Eu queria falar para vocês algumas palavras. Em um livro que é um sonho da minha vida: sobre a nossa história.

Coisas que não são faladas de hoje. Nem de uma pessoa como eu, um jovem.

Palavras que foram faladas por grandes sábios, homens idolatrados no mais alto conhecimento espiritual de nosso povo. E a gente, como filho, como remanescente dessa nação, dessa história, procura por elas, analisando no nosso coração, para poder suportar, para poder nos relacionar com a sociedade branca.

Os nossos velhos já deixaram. É só olhar bem direitinho que a gente vai saber. E é isso que nos estamos fazendo hoje, voltando nossa atenção para o conhecimento antigo de nossos ancestrais.

Junto de nossa família, tendo o sábio Yawá como o nosso grande mestre.

Meu filho mais novo nasceu em janeiro de 2011. E dei a ele o nome de Muka Voini. Uma homenagem muito especial e que representa, também, o momento que estamos vivendo hoje. Nossa relação com os brancos já não é mais como antes. Estamos aprendendo a lidar com os brancos. E foi por isso que sonhei com o Muka Voini.

Muka Voini é um homem, o geógrafo mais importante da história da nossa criação. Foi ele quem deu o nome de todos os rios da nossa região e de todos os afluentes do rio Gregório, onde o povo Yawanawá sempre viveu. A gente tem a memória desse rio, o Gregório, que chamamos de Yuraia, e dos rios importantes, o Tauari, o Liberdade.

Quem deu esses nomes aos rios, e de todas as nascentes, foi o Muka Voini. E foi o Muka Voini quem, já quase morrendo, numa roda de uni, a nossa planta sagrada, falou que do outro lado do mundo existia outros povos.

Eram muitos. Eles eram milhares. Como formigas, como formigueiros. São como largatinhas, vivem encapadinhos, enrolados, não ficam de pele limpa, quando nascem, como nós. Não andam que nem nós, no mato, sem derrubar a mata, sem cortar. O caminho deles é que nem de formiga: limpam tudo. Não sabem andar escondido.

Muka Voini perguntou se nós queríamos conhecer esse povo. Perguntou para seus filhos. Ele falou: só um pedido, a toda a família. E o filho mais novo, o filho caçula, fez um pedido a ele. Eram as últimas palavras, o velho ia morrer. Disse o jovem: "meu pai, então o último pedido que eu vou lhe fazer: quando o senhor morrer, vá dizer pra eles virem, pra eu conhecer eles". Os outros irmãos concordaram com o menino.

Depois que ele morreu, o espírito de Muka Voini atravessou o mundo. Passou lá nesse povo, e disse pra eles que podiam chegar aqui no nosso povo, que podiam vir de barco. Nunca a gente pensou que ia passar por tanta transformação na nossa vida com a chegada deles.

Se o menino não tivesse feito esse pedido, talvez hoje ainda esse continente seria só floresta com seu povo nativo. Mas Muka Voini passou lá do outro lado do mundo e avisou pra eles que podiam chegar aqui.

E ele nos recomendou: meus filhos, já que vocês estão pedindo para eu trazer eles pra aqui, então vocês não façam guerra. Se aliem. Assim vocês vão poder viver pelo resto da vida toda. Vocês podem se casar com as mulheres deles, e eles podem se casar com as mulheres de vocês. Isso vai se tornar uma grande aliança. Se vocês receberem eles com guerra, eles vão se multiplicar pra cima de vocês, e vocês não vão aguentar. Eles são milhões. Antes de Colombo, antes de Cabral chegar aqui nessa terra, a gente já sabia. A gente conhece essas histórias. Muka Voini, foi ele quem trouxe os brancos para cá. Mas ninguém sabe disso no mundo dos brancos.

E foi Muka Voini quem trouxe o muka para a terra, essa planta sagrada, da nossa formação, da nossa mais alta espiritualidade.

Eu não sabia que foi Muka Voini quem trouxe os brancos para a nossa terra quando fui conhecer a cidade pela primeira vez. Eu estava distante, nessa época, do nosso mundo espiritual. E o povo Yawanawá estava sofrendo. A gente vivia na mão de missionários evangélicos, e vivendo como escravos de um seringalista. Nossa cultura tava morrendo.

A palavra "muka", hoje, na nossa língua, significa uma planta sagrada. Voini é uma palavra que sumiu, se acabou. Ou pode ser que trouxe. O significado é "uma coisa que se acabou, que não existe mais". Mas, no meu pensamento, na minha forma de ver: o muka nós nunca conhecemos antes dele, e pode ser que o Muka Voini trouxe o muka, e por isso recebeu esse nome, de Muka Voini. A palavra move para onde você achar que ela deve ir.

Eu acho que ele trouxe o muka para a terra. Essa planta sagrada, da nossa formação, da nossa mais alta espiritualidade.
Não é história. Não é lenda. É um ser verdadeiro do nosso povo.

2
A revolta. E a consciência da luta pela liberdade

Todo mundo foi crente aqui.

Todo o nosso povo se converteu.

Várias igrejas estiveram aqui. Uma perto do cemitério. Outra bem aqui na nossa sede sagrada, onde o vovô Antônio Luiz se acabou. Na casa dele! Tiraram a casa dele e fizeram uma igreja ali em cima mesmo, num lugar central. Para nos oprimir.

Esse espaço em que nós estamos sentado agora, antes era barro da igreja.

Nunca ninguém trabalhou mais para a preservação da nossa cultura. Eu descobri que até os pajés Yawá e o Tatá, por um tempo, também foram crentes. Então todo mundo passou a ser crente.

E aí eu fui embora. Uma saída sofrida. Com o meu primo Sales. E com o apoio do meu tio Raimundo, que era a principal liderança.

Lá na cidade eu vi que nosso povo estava não apenas perdendo a língua, mas perdendo o nosso espírito. Nossa conexão espiritual com nós mesmos, com a natureza, com o nosso mundo, com os nossos ancestrais.

E eu assumi isso para dentro de mim. Como um filho desse povo, o meu pensamento era dizer: os filhos de uma grande liderança, como o velho Antonio Luis, meu avô, e minha avó materna e paterno, que foram grandes responsáveis pela nossa história de fazer o contato com os brancos, de sustentar o povo, de fazer o povo Yawanawá ainda estar vivo em cima dessa terra. Dessa família ainda tem gente viva. Onde corre o sangue nas veias e é capaz de representar vocês. Lutar pelo que vocês construíram.

Essa foi a minha compreensão a partir da minha vinda para a cidade, onde eu fui estudar. Eu voltei para a aldeia para poder fazer uma discussão ampla, para alcançarmos o resgate espiritual e cultural. Mas tinha que afastar alguns maus que estavam na nossa frente: a missão religiosa e os seringalistas que nos escravizavam. Tinha que afastar a Missão Novas Tribos do Brasil, instalada há 30 anos no meio do nosso povo, que convenceu todo mundo a ser crente, que botou uma ameaça no nosso coração, dizendo que sem essa religião todo mundo iria para o inferno, que nós não teríamos salvação, não seríamos capaz de ser um povo feliz. Que nós vivíamos com o demônio. Que nossos rituais e nossas crenças, eram coisas do demônio.

Eram racistas. Não gostavam da gente, parecia que tinham nojo de índio. Não deixavam índio andar no barco com eles, no mesmo barco. Não deixavam comer junto. Nos tratavam mal. Sem respeito. Principalmente os americanos. Era muito arrogantes. A gente sofria muito. A gente tinha vergonha de ser a gente.

Não podia namorar. Não podia sorrir.

Precisava quebrar isso do nosso povo.

Quebrar esse medo que colocaram no nosso povo foi um desafio.

E eu vim para cá com esse pensamento. Nos libertar. Precisávamos ser livres.

Daí começa a nossa história. O resgate cultural espiritual não começou na construção da aldeia Nova Esperança, nos anos 1990. O resgate cultural começou aqui, no local da casa que foi de Antônio Luis, quando nós expulsamos a missão da nossa aldeia. No início dos anos 1980.

Foi quando falamos: "basta da missão dentro da nossa terra". Trinta anos atrás, nos anos oitenta. O resgate da nossa cultura é esse. E eu quero que as pessoas saibam: é luta dos Yawanawá sim, de uma nação, mas teve um homem idealizador, para chegarmos onde estamos, que foi eu. Eu digo assim, não no sentido de arrogância, nem de autoridade. "Eu" porque eu sei que foi um espírito maior do criador que veio sobre o meu coração e me despertou para esse destino. Porque eu não tinha orientação do meu pai, nem do meu avô, nem da minha avó, nem do meu cunhado, nem dos meus tios. Eu estava sozinho. Essa idéia partiu de mim ainda quando eu estudava na cidade de Rio Branco, com as pessoas que me aconselharam, que me ajudaram a entender o que estava acontecendo. A partir dali que vem essa nossa história recente.

Quero contar essa história para que a futura geração do povo Yawanawá conheça a origem, que não é contada na íntegra, não é contada com verdade.

Muitos dos nossos filhos até se negavam a se representar nas nossas tradições. Eu me lembro quando foi a primeira festa do mariri que a gente fez. Estava o Yawá. Mas dezenas de filhos Yawanawá, que estão hoje bebendo a ayahuasca, ataram sua rede com a bíblia na mão. Porque nos estávamos fazendo nossa festa. Hoje as pessoas têm vergonha de dizer que fizeram isso.

O nosso resgate cultural e espiritual tem início antes da construção da aldeia Nova Esperança é no Seringal Kaxinawá mesmo, da nossa aldeia sagrada, onde tudo começa. Foi aqui que a missão foi expulsa. Aqui que montamos a cantina, nos libertamos do seringalista e começamos tudo a buscar nossa espiritualidade que estava se perdendo.

Eu estava morando na cidade. Mas tudo começa aqui na aldeia sagrada, Seringal Kaxinawá. Daí é que vem todo esse processo como estamos hoje. Quero narrar essa história. História viva, verdadeira. O homem que é capaz de se chicotear ele mesmo, é quem conta a nossa história.

Foi aqui que começou o nosso resgate. Foi aqui onde tomei o primeiro uni, nossa ayahuasca, com seis anos de idade. O Yawá estava bebendo, junto do tio Valdemar e o Tatá. Eles bebiam escondido. Eu era criança. Fui lá, roubei uni deles e tomei escondido. Tomei um porre. Isso me marcou. O uni era proibido.

Esse é um lugar sagrado. Aqui começou o resgate da nossa espiritualidade, da nossa língua e da nossa cultura, que ainda estamos batalhando. A demarcação da nossa terra foi uma luta. Aqui, nesse lugar onde estou sentado, vieram os agentes da Polícia Federal me prender, quando a gente expulsou a missão. Eu ia preso porque eu estava expulsando a missão evangélica que matava a nossa espiritualidade. A Missão Novas Tribos do Brasil. Me acusaram de ser comunista. De ser subversivo. Naquele tempo da ditadura. Por defender o meu povo, queriam me botar na cadeia.

E por que eu estava expulsando a missão?
Porque a missão estava dizendo que a nossa cultura era coisa do demônio. Coisa diabólica.
Nossa ayahuasca, nossas cerimônias. Nós éramos proibidos, através da intimidação, de realizar nossos rituais.
Nos precisávamos nos libertar deles. Nós precisávamos sair deles para sermos livres. Para ninguém nos intimidar. Conseguimos. E hoje vivemos a liberdade dos Yawanawá. Mas é importante que os jovens saibam o que aconteceu.

3
O fim da missão e da escravidão: a mudança dos tempos

Houve, em torno da Missão, da evangelização, uma aglomeração de pessoas. Pessoas que estavam do lado da Missão. Seringalistas, seringueiros, eles estavam acomodados. Porque todo mundo era crente. Os índios eram crentes. Eles eram crentes. Os brancos eram crentes. E podiam ficar ali pacificamente. Na nossa terra. Essa era a estrutura da igreja. Se aliavam com todo mundo. E a igreja fazia a gente aceitar. A ser dominados. Então, se todo mundo era crente, se todo mundo era irmão, como é que nós iríamos brigar com os nossos irmãos? Como iríamos mandar eles embora, se todo dia, todo sábado e domingo, tínhamos que se reunir na igreja? Nós precisávamos tirar eles. A missão tinha que sair. Era um problema para nós. Além da evangelização, dessa descaracterização cultural do nosso povo, ainda mantinham a presença dos não indígenas dentro da terra. Faziam a gente aceitar a nossa condição de escravo. E foi nossa a decisão de tirar a missão. Juntos. Nada foi sozinho.

Nos reunimos. E foi uma reunião tensa. Aqui nessa aldeia. Nossa aldeia sagrada.

Eu disse a eles:

– Vocês recebem ajuda de muitas igrejas americanas. Nós aqui trabalhamos como semi-escravos dos patrões. Vocês nunca nos ajudaram. Vocês nunca fizeram um projeto para nos ajudar. Se vocês são tão amigos dos índios, como dizem, por que nunca fizeram um projeto para montarmos uma cantina, onde a gente pudesse ter acesso a mercadorias sem depender do patrão, e nos libertar. Não. Vocês jogam o nosso povo para os patrões. Nosso povo não sabe ler nem escrever. Vocês enganam. Não existe igualdade. Nem um pingo de respeito. Em nome da evangelização, vocês nunca foram tão irmãos, como dizem, para nos dizer que isso era errado, que tínhamos que seguir nosso próprio caminho. Vocês não podem mais continuar aqui. E queria pedir para se retirarem. Estão convidados para se retirar.

Mas eles voltaram. E houve um tumulto grande no meio da aldeia.

Era a hora da verdade. Falei das denúncias contra eles que sabia. Descobri documentos na cidade. Estavam nos enganado e nos usando. Falei que eles tinham um convênio com a Funai, um contrato em que ganhavam dinheiro para cuidar da nossa saúde mas usavam isso como se fosse caridade, e usavam isso para nos evangelizar, ainda por cima.

Fizemos uma votação. Quem quer que a missão continue. Quem não quer. Todos os jovens vieram para o meu lado. Os velhos ficaram com medo. Os missionários disseram que não podiam sair, que tinham que pedir autorização para o chefe deles. Eu disse: vocês vão pedir na terra de vocês, porque aqui quem dá autorização somos nós. Eu sabia que a gente tinha direitos. E vocês tem que desocupar a nossa terra. E já começa agora.

Jogaram minha família contra mim. Começavam a chantagear os doentes. Eles se saíram da aldeia e se instalaram numa aldeia próxima. E diziam: quem quer a missão, venha até aqui para nós atendermos. O grupo do Bira não era atendido. Não era medicado. Podia morrer, que eles não iriam tratar.

Eram umas cinco famílias. Uma vilazinha. Foi difícil. E a partir da saída da missão, também tiramos os patrões. Já tínhamos nos fortalecidos.

Nunca a missão disse que tinha um convênio com a Funai. Nunca eles contaram, nos 30 anos que passaram aqui dentro. Só depois que nós tiramos a missão é que fomos saber que tínhamos direitos. E aí vem a demarcação da nossa terra.

Fomos o primeiro povo do Acre a conquistar a demarcação da terra e, recentemente em 2006, conquistamos a ampliação dela. Hoje, um tamanho suficiente, com quase 200 mil hectares, onde está guardada a nossa história.

Quando ocupamos definitivamente o seringal, com a nossa terra demarcada, sentimos que o seringalista tinha que devolver pelos trabalhos semi-escravos que os Yawanawá trabalharam ao longo dos anos na extração da borracha, na limpeza dos varadouros para os animais transportarem a borracha, na produção da farinha, do açúcar mascavo. Enfim, de empurrar barco, de varejão, de remo, carregando as mercadorias dos patrões, na limpeza dos campos. Tudo isso o nosso povo fez. Esse trabalho para o seringalista.

Eles enganavam a gente no preço da mercadoria, superfaturada, no pagamento do serviço diário – muito barato. Nosso pessoal não era alfabetizado, não conhecia nada. O que eles diziam, era. Era troca desigual.

Na demarcação da terra, para dizer aos patrões que a partir daquele momento essa terra do rio Gregório, era uma Terra Indígena, e que o Estado brasileiro, através da Funai, reconhecia, estava delimitando aquele território como terra indígena. Essa terra era dos Yawanawá.

Estiveram aqui presentes com a gente o doutor Osvaldo Sidnei, que era chefe da ajudância do Acre (Ajacre), subordinada a delegacia regional da Funai de Porto Velho. Esteve presente o presidente da Comissão Pro-Índio do Acre, CPI, a Shirlei Torres, o Conselho Indigenista Missionário, Cimi, o Anselmo Forneck, e também o Txai Terri Vale de Aquino. As três instituições ligadas às questões indígenas estiveram conosco. Todos eles estiveram nos acompanhando em todos os passos na ocupação dos barracões. Eles nos ajudaram, nos orientaram a discutir com os brancos, com o seringalista que, na época, não era mais um seringalista, era uma grande empresa já. Era a Paranacre. Uma grande empresa do sul do pais que comprou essa terra, que tinha seus sócios Café Pele, Café Cacique, Bamerindus. Eles criaram uma empresa, no Acre, chamada Paranacre. Tinham uns 500 mil hectares de terras. E no meio dessa terra, tinha nós, os Yawanawá, aqui no rio Gregório.

A partir daí, eles vieram para dizer que 90 mil hectares de terras, do igarapé Embaúba, até o Mississipi, esse meio todo aqui, passava a ser uma terra indígena. Essas entidades vieram nos ajudar a dizer ao seringalista, que aqui, agora, era uma Terra Indígena.

Na oportunidade, já achando que nos éramos respeitados, reconhecidos pelo Estado brasileiro como um povo indígena com o nosso território, também sentimos a necessidade que os patrões nos devolvessem o nosso respeito, a nossa dignidade, pelos tantos anos de opressão e trabalho escravo. Foi com esse pensamento que os Yawanawá foram e pegaram de volta 14 toneladas de borracha. Como troca por esse tempo, de mais de um centenário de vida na relação com os patrões.

Estávamos dispostos a qualquer tipo de reação. Estávamos prontos. Uma vez que sentimos que éramos reconhecidos e ouvidos, não tínhamos medo. Pegamos a borracha e ocupamos o território. As pessoas não-indígenas que viviam no nosso território para cortar borracha, acabaram saindo também. Esse foi o processo da terra.

Mas antes houve uma primeira tentativa. Dependíamos 100% dos patrões. Do barracão. Para comprar sal, para comprar remédio, para comprar terçado, para comprar machado. Todos equipamentos que hoje nosso povo aprendeu a usar durante o contato. Não havia outro lugar para comprar. Não tínhamos acesso a cidade. Não havia meio de transporte. Ninguém conhecia a cidade ainda direito. Não sabia ir para a cidade, não sabia se relacionar com o homem branco. O único homem branco que nós nos relacionávamos era o do seringal.

Quando eu fui para a cidade, estudando lá, e conversando com o companheiro Txai Terri, e outros companheiros da Comissão Pró-Índio, o Curaca (José Carlos Meirelles, sertanista da Funai), a gente falava sobre isso, em como se libertar. Eles conheciam o Antonio Gross, da Oxfam, que era um inglês que vivia na Amazônia. A Oxfam da Inglaterra financiava alguns programas da Comissão Pró-Índio, para manter o escritório. E o Txai Terri pediu para eu escrever um pequeno projeto para ele. Para a gente montar uma cantina na aldeia para se libertar do barracão do patrão. Ter onde comprar nossas coisinhas que a gente precisava, sem que ter que pagar com o nosso trabalho, como escravo, para isso.

Eu falei: "Txai, eu não sei escrever, não tenho experiência".
E ele me incentivou: "faz o que você pensa, eu te ajudo."
Eu fiz um pequeno orçamento, dizendo para ele que era para montar uma cantina, para tirar o nosso povo da mãos dos patrões. O Txai, revisou, fez o projeto. E mandamos para a Oxfam. Eles aprovaram. Nesse tempo não tinha organização indígena

jurídica, mas o Txai recebeu esse dinheiro e eu trouxe para montarmos a nossa cantina.

Fomos na cidade de Eirunepé, no Amazonas, e começamos a comprar a nossa primeira mercadoria. Nunca até então, tínhamos comprado nada. Não sabíamos o que era ter uma certa autonomia. Nossa cantina, nossa mercadoria. Tínhamos um começo, quando ocupamos o barracão. Já tínhamos força. A ocupação do barracão foi a segunda tentativa.

Ocupamos definitivamente, e tiramos os patrões. Agora, teríamos a autonomia, mas depois de um século de dominação, isso não foi fácil. Precisavamos retomar a nossa organização interna. Foi muito difícil, depois de quase um século de viver com os seringalistas. Três décadas de viver com a missão evangélica. Nós aprendemos, se acostumamos, a todo tipo de comportamento que era imposto. Como éramos obrigado a nos relacionar com esses vizinhos, ficou difícil para nós sermos livres. Ninguém conhecia a cidade. Não tínhamos nenhuma relação com governo. Não tínhamos acesso a sistema de saúde. Não tínhamos acesso às escolas públicas.

Pensamos: "Temos a terra, mas vamos viver como?"

Os seringalistas que compravam os materiais que a gente precisava, sal, terçado essa coisas, foram embora. Os missionários que davam remédio, foram embora. Mas foi muito importante esse momento. Começamos a nos preocupar com recursos humanos, com a formação dos jovens Yawanawá para serem professores, para serem agentes de saúde. E fomos para a frente, discutindo com governo, com Funai.

Aí começa um novo momento. Uma nova história.

4
Os grandes líderes

O que eu vou contar não é lenda. Não é história. É coisa verdadeira.

Na nossa sede mãe, a aldeia Seringal Kaxinawá, nossa aldeia sagrada, é aonde está toda a história de um povo. O povo Yawanawá.

Aqui, para a minha e futura gerações, gerações dos meus pais, dos meus tios, a história começa. Nenhum filho do povo Yawanawá tem uma outra referência para contar a história da nossa nação, que o criador nos batizou como Yawanawa Vakehu.

Viemos de uma família muito grande. De muita história. De muitas autoridades. Principalmente, espirituais.

Descendemos de grandes chefes.

Em nossa linhagem direta, descendemos de MukaVoini.

Hoje, eu analiso ele como um grande geógrafo e historiador do nosso povo. Depois do Muka Voeini, vem a história do Muka Nawá, um grande líder muito conhecido na nossa história como um grande guerreiro. O Muká Nawá, ele foi mais um chefe que levou o nosso povo em muitos combates com outras nações.

Muká Nawá foi responsável pela extinção de mais de seis nações do nosso tronco linguistico pano, nessa região dos rios Juruá, Tarauacá, e seus afluentes, como o Gregório, como o Liberdade. O Muká Nawá se acabou em combate. E foi um menino que tirou a vida desse grande guerreiro.

Em uma guerra, contra o povo Ushunawá, o Muka Nawá, tinha matado o pai desse menino. Muitos anos se passaram, e ele soube a existência desse povo Ushunawá. Ele foi para a guerra para acabar com os remanescentes. Antes dele iniciar esse confronto com o povo Ushunawá, aqui em cima, subindo o rio onde estamos agora, na Aldeia Sagrada, mais ou menos duas horas, tem um grande remanso. Um poço enorme, onde vivia um ser sagrado da água, que nós chamávamos de Enêyuxî: a "mãe d'água".

A sua aldeia era na beira desse rio, perto desse poço grande. E o seu neto estava tomando banho, quando essa mulher encantada pegou o menino. Levou ele para o fundo do poço. Muka Nawa estava caçando, e quando chegou contaram para ele que a mãe d'águá tinha levado o seu neto. Ele ficou muito chateado e ameaçou de jogar uma lança desse nosso paspi de guerra, contra a sogra, porque ela não tinha cuidado do neto dele. A sogra dele, nós falamos, ruake, ou seja, ela jogou uma praga nele: "você é acostumado a matar os guerreiros de outros povos, mas não uma mulher como eu, uma velha como eu. Vai na próxima guerra para você ver se você vai voltar".

E dessa vez o Muká Nawá foi para a guerra atacar o povo Ushunawá. Um rapaz chamado Vea flechou ele. Com uma flecha muito grande, porque as flechas nessa época tinham a ponta que são as lanças grandes, paspi, de penas de andorinha e de morcego, que nos temos hoje. As lanças eram a ponta das flechas de confrontar com outros povos. E isso era só o bico das nossas flechas. E o jovem Vea flechou o Muka Nawa. Ele não tinha mais como tirar aquela lança, a flecha, da barriga dele. E tiveram que acabar de matar ele. Aí se acabou a história do Muka Nawa.

O Muka Nawa deixou um filho, sucessor, chamado Kesnia, que se tornou um guerreiro ainda maior do que o seu pai. O Kesnia foi responsável pela extinção do povo Ushunawá, exatamente para se vingar da história do seu pai. Os Ushunawá foram um povo muito forte da nossa história. Que nos conhecemos do tronco linguístico pano, foram o povo mais guerreiro que já existiu.

Os Ushunawá eram tão rápidos que comparavam eles com o voo do beija-flor e dessas pombinhas que voam na beira do rio. Eles corriam como essa pomba. A gente só via o mato balançar.

Eram tão rápidos saltavam um igarapé de um lado para o outro. Não atravessavam por dentro. Em confronto com outros povos, os lagos que tinham jacaré e poraquê, o peixe elétrico, enquanto os outros povos tentavam atravessar pela água, eles saltavam que nem macaco de um galho para outro. Esse era o povo Ushunawá.

O objetivo do Kesnia foi acabar com esse povo. E com sua própria mão, o Vea, maduro, já chefe do povo Ushunawá, é vingado. O Kesnia, filho do Muka Nawa, mata o Vea, e com ele toda a nação Ushunawá. Com a conquista do povo, o Kesnia capturou e trouxe muitos escravos.

Na nossa história a gente conhece escravos. Os Yawanawá também foram um povo responsável por escravizar outros povos, que nós chamamos de mavi. Mavi são pessoas que não têm direito de casar e comer na roda dos donos da casa, da hierarquia desse povo. E o Kesnia, quando atacou o povo Ushunawá, que acabou com os seus guerreiros principais, seus líderes, trouxe crianças e mulheres. E quando chegou na aldeia, ele deu para cada família criar, para trabalhar para eles, uma criança. Os jovens foram morar com as famílias, e eram os caçadores das casas.

Um desses jovens, num certo dia, foi caçar. Foi bem cedo, e não voltou. À tarde, o seu chefe foi atrás dele e encontrou ele numa praia, exatamente essa praia em frente ao remanso aonde mora esse ser: a mãe d'água. E ele estava com toda a sua caça nas costas. Acharam que estava morto, e trouxeram ele para a aldeia. E mandaram jogar ele fora. Nosso povo não ia enterrar ele, porque não era sangue do povo Yawanawá.

De repente, escutaram um assobio, lá do coração desse jovem. Eles tomaram um susto de ver aquele corpo assobiando que não era da boca. Chamaram um pajé para ver o que estava acontecendo. O pajé identificou: ele tinha recebido o espírito da ser da água e estava se tornando um grande pajé. Ele virou um dos pajés mais famosos, a partir dali, da nossa história.

Deram a esse jovem o nome de Inâramiahu. E esse homem, já depois um grande pajé e um homem revelado no meio do nosso povo, ele teve um caso com uma mulher Yawanawá, o que não era permitido até então. Desse caso, nasce a minha bisavó, a mãe do meu avô Antônio Luiz. Aí começa a história do meu sangue, da minha geração mais próxima.

Esses foram os grandes líderes da nossa história.

Yawanawá que não mais existem

Existiu também um outro grupo Yawanawá. Faziam parte da mesma família. Viviam aqui perto, num lugar chamado Paturi. Umas três horas caminhando, pela floresta, da nossa aldeia sagrada. Eles tinham um grande chefe chamado Pekeruá.

Pekeruá foi o homem mais completo da nossa história.

Pekeruá foi um grande pajé.

Pekeruá foi um grande caçador.

Pekeruá foi um conhecedor de medicina. Conhecia tudo o que o homem poderia conhecer, as coisas materiais e espirituais.

Pekeruá tinha muitos casamentos também. Meu avô contava que o Pekeruá tinha mais ou menos 60 mulheres. Teve muitos filhos. E parece que ele era também parente do meu avô. Era tio dele. Meu avô veio amparado também por uma geração de líderes muito importantes da nossa história, de ancestrais muito importantes.

Antes de conhecermos os brancos do Brasil, o nosso povo fez contato com os caucheiros peruanos, que vinham do Peru tirando caucho. Foi um encontro muito sangrento. Eu acredito que o nosso povo vivia pela cabeceira do rio Liberdade, mais perto do rio Juruá. Com esse encontro com os peruanos, o nosso povo fugiu para o centro da floresta. E vieram aqui pro Gregório.

Depois de muitos anos, passou por aqui um homem, junto de mais seis pessoas, chamado de Ângelo Ferreira. Ele só passou. Meu avô era criança. Ele visitou o povo Pekeruá, que deu de presente para ele dois meninos, sendo um deles um sobrinho, que se chamava Timá. O Ângelo Ferreira levou ele para a cidade – ninguém sabe qual cidade. E lá ele serviu o exército, depois de muitos anos, ele fugiu. Voltou. Quando ele voltou, como sempre tem acontecido com os nossos filhos que não conhecem bem a nossa história, a nossa cultura, se comportam como se fossem chefes, voltam arrogantes.

O Timá voltou e queria que nosso povo trabalhasse para ele. Inclusive o meu avô. Para cortar seringa para o seringalista, nesse tempo, o primeiro seringalista que veio aqui, se chamava Abel Pinheiro. Veio através do rio Liberdade. Fez um grande caminho e abriu uma sede aqui, nesse lugar, que ele deu o nome de Seringal Kaxinawá.

Meu avô já havia se tornando adolescente, e ele viu que o Timá estava querendo aproveitar do seu povo, e não quis mais trabalhar com ele. Decidiu sair, com os seus pais, para outro lugar. Abriu uma sede aqui perto, chamada Kupaya, mais ou menos 40 minutos de distância da Aldeia Sagrada.

De lá, veio depois o tempo que chegaram os cariocas, outro seringalista, e expulsaram a custa de bala o Abel Pinheiro. Mataram todos os seus bichos, os porcos, galinhas, bois, e mandou ele embora. O Abel Pinheiro foi embora expulso pelos cariocas. Meu avô fez esse contato com os cariocas, ainda menino. Isso já foi aqui no Seringal Kaxinawá, a nossa Aldeia Sagrada. Ele havia caçado um veado. Era menino novo, e foi lá e fez amizade com os Cariocas. Sem falar uma palavra de português. Desde lá, meu avô assumiu o comando do nosso povo.

Não sei que fim que deu a família do Pekeruá e nem do Timá, porque até hoje, em cima dessa terra, só existe a família do Antonio Luiz, batizado em português, Iva Sttihu Ushunawá Pekunti, que era o nome dele. Juntou todo o seu povo e veio para esse lugar aqui. Para trabalhar em parceria de seringalista que batizou ele em nome de seu pai e foi padrinho dele, os carioca.

O primeiro contato do nosso povo não foi de escravo. Todos eles falam que foi um contato muito sereno. Contato de respeito, de consideração. E os carioca tinham muito carinho pelo vovô. Eles dividiam as mercadorias com o vovô. Eles pediam para o vovô trabalhar para o seu povo, ele abastecia o vovô com as coisas que ele precisava, e o vovô produzia a borracha e entregava para ele.

Conta a nossa história que foi uma troca justa. Ele nunca impediu essa questão cultural. Ele nunca interferiu no nosso mundo cultural, esses cariocas.

Depois que os cariocas foram embora, é que vêm outros seringalistas. Esses já trabalhavam com os Yawanawá como trabalho escravo. A partir daí começa a história do trabalho de mão de obra barata, de semi escravo, com a sociedade branca.

Quando o Pykarua, que era tio do Antonio Luis, se encontrou com Ângelo Ferreira, assustado, nunca tinha visto homem branco, havia junto um índio Katukina que sabia falar Yawanawá. Quiseram flechar ele, o Ângelo Ferreiro e mais 10 homens, capangas.

Carregavam espelho, terçado, roupa, facão, coisas que ele ia dando nas aldeias onde passava.

Esse índio traduziu o que acontecia, para impedir a reação violenta: "ele é chefe do povo dele também, e é gente boa". " Pykarua concordou e disse: se ele é gente boa, então vamos tomar rapé, vai tomar rapé comigo. Esse índio Katukina traduziu, disse que era para tomar rapé para ter confiança. Quando o Pykarua aplicou rapé no Angelo Ferreira, ele caiu tremendo. Vomitou. Os outros capangas ficaram com medo, se ele ia morrer. O índio Katukina falou para ficarem tranquilos, que ele não ia morrer. Depois de tomar rapé, foram conversar. O Ângelo falou que estava indo visitar ele, que não iria matar eles.

Contava o vovô Antonio Luis que o Ângelo Ferreira era uma pessoa de oração muito forte. Fazia um sinal da cruz, e ficava batendo a boca, não se ouvia a voz. Depois de muita fala, sem ninguém entender, ele abria o braço e mandava atirar com o seu rifle. Diz que atiravam nele e depois ele cuspia a bala pela boca. Não feria nem um canto do corpo. Não sei se era mágica. Ou então, quando miravam uma arma para ele, ele se transformava em um tronco de árvore. Era muito misterioso.

O Pykarua gostou muito dele, e falou que ia dar dois meninos para ele ensinar eles a serem iguais a eles. Um era o Timá. Ele levou essas duas crianças. Depois de muitos anos, o menino cresceu e botou ele para servir o exército. Depois de já homem, ele fugiu e chegou na aldeia. Sabia falar bem português. Quando chegou, queria dominar os outros, porque falava bem português e nessa relação com o patrão, ele queria ser o patrão dos outros. Foi quando o vovô Antonio Luiz se separou dele e criou uma aldeia própria.

Eu tenho analisado que o Pykarua tinha uma aldeia muito grande, o Timá também tinha outra aldeia. Por que é que não existe mais essas aldeias, só a do Antonio Luis é que ainda está viva? Por que não tem o grupo remanescentes desses outros, por que as aldeias não estão de pé até hoje, cadê as famílias, as descendências, que eram todas irmãs do mesmo povo?

Só restaram os filhos do Antonio Luiz. Descendentes do povo que ele chefiou. O nosso povo Yawanawá que vive hoje.

Uma interrogação passa pela minha cabeça. Por que sumiram? Será que foi doença que acabou com esses outros parentes Ya-wanawá? Guerra não houve. Eu acredito, uma possibilidade que penso, é que eles se juntaram todos com o vovô, e ele se tornou chefe de todas as famílias. Ou que simplesmente morreram, ou foram parar na cidade, sem saber quem são.

Antonio Luiz não era Yawanawá puro. Seu pai era Ushunawá. O pai do Yawa é Yawanawá puro, tanto que seu nome é Yawaraní. Todos os Yawanawá puros, tem a palavra yawa no nome.

Não sei o que aconteceu com as outras famílias, mas hoje só sobrou a história da descendência do Antonio Luiz, que homenageou em seus filhos com nome dessas grandes lideranças históricas. Como meu tio Timá.

Temos muita história.

5
Arara: a mensageira do amor

A arara vem de tempos imemoriais. Desde o tempo da criação. Desde o tempo do criador que a arara é um pássaro mensageiro. A arara não é de agora. A arara não é só dos pajés. A história da arara vem do criador. O homem que criou o céu, a terra e os homens. Deu a arara o dom do pássaro da mensagem. Pássaro mensageiro. A arara não vem dos homens. Vem muito além do homem.

Os grandes pajés se inspiraram na arara. Tem muitos cantos, muitas histórias de araras. Nossos cocares são de penas de araras. Nossas honras a esse pássaro. Esse ser sagrado.

Nos conhecemos três tipos de arara: caê, caná e shawã. Mas a que mais conta, na nossa espiritualidade, é caná, aquela com o peito amarelinho (arara canindé). Todas têm o seu valor, mas essa é a que tem mais importância para nós. Tudo o que é beleza, é comparado com essa arara. Tudo o que for belo. Tudo o que for

de amor, mais bonito, mais de sentimento, compara com arara.
Com caná.

Por isso que meu avô começava a cantar o canto da arara quando
se lembrava da mulher que ele conheceu em Manaus.

A minha avó já sabia que ele não tinha mais força para se levantar.
Pedia ajuda para que os homens pudessem pegar ele nos braços
e levar ele pra cama, deitar ele. E assim, deitado, ou sentado na
cadeirinha dele, ele começava a cantar. Esse canto ele fazia para
lembrar dessa moça.

Ele cantava o sentimento dele. Ele olhava a beleza dela, dentro
do coração dele. Ele interpretava o que as araras e as pombinhas
que vinham visitar ele diziam. Essa arara, e essa pombinha, que
são as duas coisas mais bonitas. O que ela está falando, o que ela
está dizendo, ele sabia. Qual segredo ela está dizendo? Dentro do
coração dele, ele via essa bela mulher. Parecida com essa arara e
com essa pombinha. E ouvia o que ela dizia. E o sentimento do
coração ia até ela, para lá, como uma flecha. Ele fazia esse canto
lembrando dela.

Meu avô não sabia falar português, e nem a moça sabia falar
Yawanawá. Mas ele namoraram. Quando ele voltou pra aldeia,
ele sentava e pensava.

Sempre a arara, o pássaro arara, no nosso mundo espiritual, foi o mensageiro. O mensageiro do amor. Não é qualquer mensageiro. É a mensagem do amor. Então ele usava essa arara e fazia assim: o que essa arara está dizendo que ela está cantando. Era uma interpretação.

Ele, como um grande pajé, transformava essa relação espiritual. O som é como a velocidade de uma flecha, vai bem longe. Que era exatamente lá no coração daquela moça.

Esses cantos, só quem sabe hoje no nosso povo, é o Yawá. A gente vem guardando isso no coração. Os ensinamentos. Que nessa terra todas essas relíquias estão sendo guardadas.

6
Encontros e brincadeiras

Nada é inventado. Nada foi criado por nós. Tudo sempre existiu.

O Festival Yawa, hoje, é mais interno. Só entre os Yawanawá. Mas antes, no tempo muito antigo, muito antes do contato com os brancos, o povo Yawanawá já tinha essa cerimônia.

Usam esse nome Yawa. O nosso povo fazia uma arena. Eles cercavam com tronco de paxiúba bem maduro, uma madeira muito dura, como pedra, um tronco que dura mais de cem anos. Eles cercavam uma arena grande, bem fechadinha. Pegavam os filhos do porco queixada macho e jogavam dentro da arena. Criavam dando para comer carnes de animais carnívoros, como carne de onça, carne de jacaré, carne de quati, carne de jaguatirica, carne desses animais.

Ficavam flechando, com flecha com uma ponta pequena, que não pudesse ferir para não colocar em risco a vida desses animais. Uma espécie de agulhazinha, com um pesinho, para irritar o animal. Crescia muito feroz, muito. Depois que foram bem treinados, já feroz, adultos, nosso povo anunciava e convidava os outros povos, as nações vizinhas, para trazer os seus melhores guerreiros, para ver qual povo teria os melhores guerreiros, os homens mais treinados de todas as nações do povo Pano.

Fazia convite. Nosso povo sediava esse evento e convidava os outros povos. Os chefes vinham com seus guerreiros.

Tinha uma arquibancada nessa arena, onde essas nações ficavam vendo.
Eles decidiam quem é que ia primeiro. Ia só uma pessoa de cada povo, um representante.

Os queixadas ficavam presos, igual como branco faz rodeio. Igualzinho.

Essa cerimônia era como se fosse um rodeio. As queixadas ficavam presas como em uma jaulazinha. Ficava a arena aberta, e esse homem ficava no centro da arena. Abria uma porta e a queixada saia de lá como uma flecha, para estraçalhar o guerreiro. Não tinha nenhuma arma na mão. Limpo, limpo. Só com a mão limpo.

A queixada tem, em cima da cabeça, uns pelos grandes, que dá para pegar com a mão e segurar. Essa pessoa tinha que pegar no pescoço da queixada, nesse pelo dele, e segurar. Se ele chegasse a pegar e segurar, já tinha pessoas para arpoar com lanças e flechas para matar, com segurança, para não ferir o guerreiro.

Se fosse um guerreiro fraco, que não fosse preparado, a queixada cortava ele todinho, ou até matava. Na frente de todo o povo.

Quem ganhava, aquele que chegava a pegar a queixada, se tornava um homem muito conhecido e respeitado perante todas essas nações. E o seu povo ganhava respeito e muita honra. E todos os outros tinham medo pela capacidade que eles tinham de treinar os seus guerreiros.

Eles eram treinados. E como iria enfrentar um povo desses?

Era uma demonstração de força de conhecimento de sabedoria e de preparação.

Nosso povo Yawanawá sediava esse evento. Éramos o mentor desse evento.

Dizem que em toda a história só três povos pegaram a queixada. Um é Yawanawá, outro Ushunawá e o Shawanawa. Três nações chegaram a pegar os queixadas. Esses homens sabemos o nome até hoje.

O povo Ushunawá forma o maior adversário da história dos Yawanawá. Ushu é o povo da garça. O Shawanawa é o povo da arara, ainda existem.

No festival hoje fazemos as brincadeiras.
Nós temos muitas brincadeiras, muitas. Não dá para acabar não.

Nossas brincadeiras estão ligadas às plantas.
Nossas brincadeiras estão ligadas às árvores.
Nossas brincadeiras estão ligadas a todas as aves.
Nossas brincadeiras estão ligadas aos animais. Aos insetos. Tudo o que tem na floresta, sempre fez parte do nosso mundo de brincadeira.

No nosso festival Yawa, o que estamos fazendo é uma apresentação, é uma homenagem, elas são um momento que nós Yawanawá nos comportamos como esses animais, como esses insetos, como esses seres.

São todas conectadas com o mundo espiritual desses seres. Ela não é só do mundo material.

A brincadeira da abelha, como conta a nossa história, por exemplo. O ser espiritual da abelha, dizem que ele vive todo melado de mel. O corpo inteiro. Fica pingando mel do corpo dele. Com o seu machadinho no ombro, que é o machado com que ele derruba as árvores onde ficam as abelhas, as colmeias. Tem o machadinho para tirar o mel. E ele é todo meladinho de mel. Por isso, na nossa brincadeira, a gente se mela. Como nós não temos mel suficiente, a gente se mela todo de lama fica todo enlameado de lama. É para parecer exatamente como esse ser sagrado do mel. Não é aquela abelhazinha que está voando, fazendo mel. É para representar esse ser, que está enlameado de mel.

A gente se mela de lama para ficar parecido com o ser sagrado que é o dono do mel.

Tem a brincadeira do macaco. O macaco prego é um dos animais mais danados da floresta. Muito teimoso. Mexe em tudo. São muito traquinas, como falam em português. Além de comer as frutas que precisam, jogam o que não comem fora, onde passam nas árvores e vêem as casas dos marimbondos e das abelhas, mexem, desmancham a casa fora, vão jogando as frutas, mesmo as que não comem. É o bichinho teimoso.

A nossa brincadeira conta a nossa história de quando o homem não sabia fazer sexo direito, como deveria ser feito. Aí um homem foi caçar e viu um macaco fazendo amor com uma macaca. E o nosso povo, quando não sabia, eles achavam que a vagina da mulher era um ferimento, e ficava botando medicina para curar. Aí descobriu que o macaco usava aquilo dali para fazer macaquinho. Eles aprenderam.

Fazer brincadeira do macaco prego é uma homenagem a esses momentos dessa história. Uma brincadeira bem diferente, exatamente para a gente ter essa lembrança da história do macaco.

Tem a brincadeira dos insetos, do mosquito carapanã, que fica azucrinando a noite inteira e não deixa ninguém dormir. Tem a brincadeira da rã, que nos chamamos gí. A história da gí é que muita rã ficava cantando, e alguém foi pegar a rã e ela se encantou e foi comer a pessoa. A gente só via a caveira andando, porque a rã tinha comido a carne todinha. A rã comeu esse homem, e a brincadeira da rã é sobre essa memória.

Tem a brincadeira da alma, dos espíritos da noite que perturbam a gente, não deixam as pessoas dormirem.

Tem duas brincadeiras do porco queixada. Uma delas é que eles sempre andam em bandos grandes. Aí uma entra no cio. Eles não são casados. Eles são um rebanho. Aí quando uma está no cio, vários machos querem namorar com ela. A brincadeira da queixada tem esse espírito, esse sentimento de, às vezes, se reúnem cinco rapazes, que querem namorar uma moça. Somos um povo da queixada.

O jabuti é uma brincadeira de força. Pega um jabuti e vê qual homem tem mais força para segurar o jabuti. As mulheres adultas vão lá e tentam tomar o jabuti desse homem. É uma competição para ver qual dos homens é o mais forte.

Da borboleta, que quando está fazendo amor, um prega no outro e saem voando juntos. Na nossa brincadeira, o homem pega a mulher no colo e saem andando com ela. Essa é uma brincadeira do mundo material.

Algumas são espirituais, outras materiais.

Estamos aos pouquinhos relembrando e praticando essas brincadeiras dos antigos. Temos muitas brincadeiras que, nesses anos do Festival Yawá, nós ainda não apresentamos. Aos poucos, vamos lembrando, perguntando para os velhos, como o Yawá, como é o ritual de cada brincadeira.

7

O tempo do amor

O Yawá esteve muito mal recentemente. Depois que ele começou a melhorar, comecei a falar com o Yawá. Tinha passado o natal, a gente estava longe da aldeia. Feliz ano novo, ele me falou. E disse:

Não é apenas um ano novo. É um novo ciclo da humanidade. É uma outra era. Não é mais aquela que a gente vivia. É um outro tempo. Esse outro tempo é o tempo do perdão. Tempo do amor. Tempo da espiritualidade. É o tempo de o homem voltar para sua origem. Para a terra. O nosso coração. Olhar a Terra. Saber amar uns aos outros, saber se respeitar. Buscar alianças, se solidarizar. É esse o momento. Quem não tiver essa compreensão, vai sofrer muito nesse novo ciclo da humanidade.

Os nossos pajés sempre tinham conhecimento para trabalhar os dois lados. O do Bem. E se for preciso, também o do Mal.

Daqui alguns anos, em pleno século XXI, nós vamos ter grandes pajés nessa aldeia. Muito fortes. Só com uma diferença: de puro amor.

Olhando bem para trás, mas muito lá para trás, chegamos nas palavras do Mukaveni. Ele falou: meus filhos, vocês não têm que fazer guerra contra esse povo, o povo branco. Se vocês quiserem viver em paz, vão ter que fazer aliança, amizade com eles. Até, se for necessário, vocês casarem com as mulheres deles. E eles com a de vocês. Assim vocês se tornam amigos e vão viver em paz. Se vocês se rebelarem contra eles, são muitos, são milhares. Vão multiplicar sobre vocês e vocês não vão vencer essa luta contra eles. Não façam a guerra.

Essas palavras foram ditas antes do Cristóvão Colombo vir a América. Antes do Pedro Álvares Cabral vir a América. E hoje, analisando tudo isso, ao olhar para o nosso passado e os ensinamentos dos nossos ancestrais, e ao olhar para a frente, da nossa geração, da nossa relação com o mundo lá fora, a única forma de nos continuarmos como povo, com a nossa língua, com a nossa cultura, é buscarmos alianças. Buscarmos a paz. Buscarmos a harmonia.

Hoje nossa terra está demarcada. Temos um território suficiente. Aonde estão todas as nossas histórias. Não temos que sair desse lugar. Nenhuma parte fora da nossa terra tem história nossa perdida.

Agora temos que trabalhar uma relação de diplomacia e de paz com a sociedade envolvente.

Nossa Aldeia Sagrada havia sido abandonada há mais de 20 anos, e reabrimos esse lugar. Um lugar de reflexão. De recordação dessas memórias. Onde nos podemos buscar nossas memórias e pensar no futuro.

Penso em construir nessa Aldeia Sagrada um centro de formação e memória do povo Yawanawá. Onde todos os jovens, os alunos da nossa escola, que se orgulham de ser Yawanawá, possam vir aqui comungar da nossa história, do nosso povo e dos nossos ancestrais.

Aqui também temos um sonho, de montar um jardim, que denominamos, o Jardim do Pajé. É onde nós podemos juntar todos os nossos conhecimentos que existem no nosso povo, dos mais velhos, o Tatá, Yawá. E aqueles que se disporem a vir, trazerem um pouquinho do seu conhecimento, das plantas, da história. Pra vir contar e plantar. Queremos plantar todas as medicinas que conhecemos, que usávamos antes do contato para a cura de diferentes tipos de doenças, e que hoje, pela oferta da medicina convencional, nosso povo até parou de utilizar e de praticar. Vamos replantar e catalogar, aproveitando os instrumentos tecnológicos que a sociedade branca nos oferece. Para nos ajudar a preservar, a cultivar, a medicina e nossas histórias ancestrais.

Jardim para memória, uso e parceria futura. No dia em que a sociedade branca, os grandes centros de pesquisa das universidades brasileiras, nos procurarem como cidadão, reconhecendo os direitos intelectuais dessas medicinas. Os direitos autorais desse conhecimento. Vamos nos prontificar a revelar e a compartilhar nossas medicinas.

O jardim é para juntar nosso conhecimento e manter ele vivo e catalogado, para a gente ter na memória. Para não acontecer o que já aconteceu com tantos povos no passado. Muitos dos nossos conhecimentos se acabaram junto de nossos velhos. Preocupados com a futura geração Yawanawá, para que eles possam usufruir desse conhecimento, dessa medicina e dessa história.

Eu tenho muito carinho no meu coração. Amor por todo o nosso povo. E tenho absoluta certeza de que o tesouro dessa nação Yawanawá está nessa terra. E muito protegido. Os filhos Yawanawá, para poderem entrar dentro dela, vão ter que vir muito limpos. Tirar toda a sujeira do corpo e do espírito. Para poder beber dessa fonte, que a gente cuida com tanto amor e tanto carinho.

É uma memória do passado, mas que está viva para o nosso futuro.

www.ingramcontent.com/pod-product-compliance
Lightning Source LLC
LaVergne TN
LVHW051101180726
843512LV00020B/1552